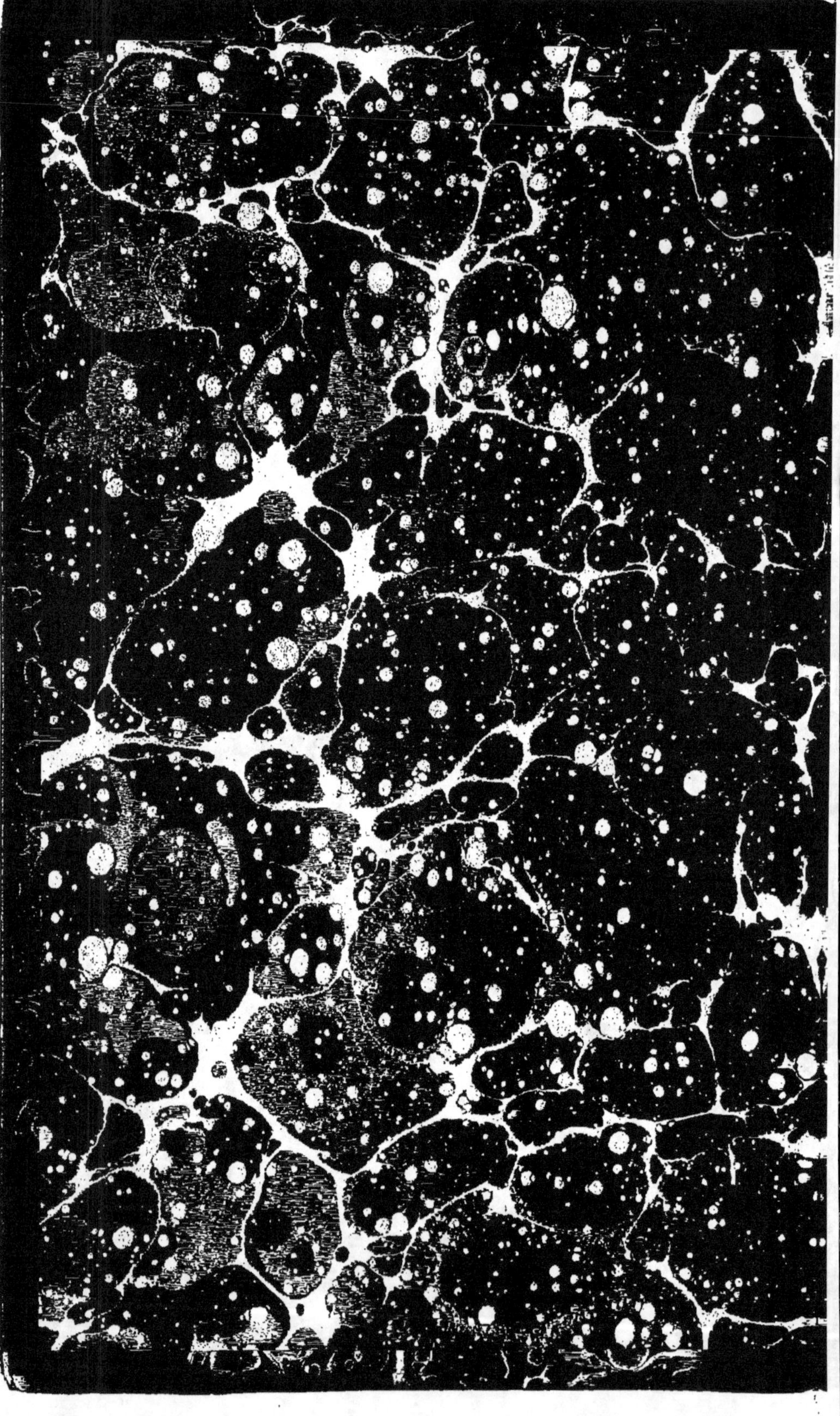

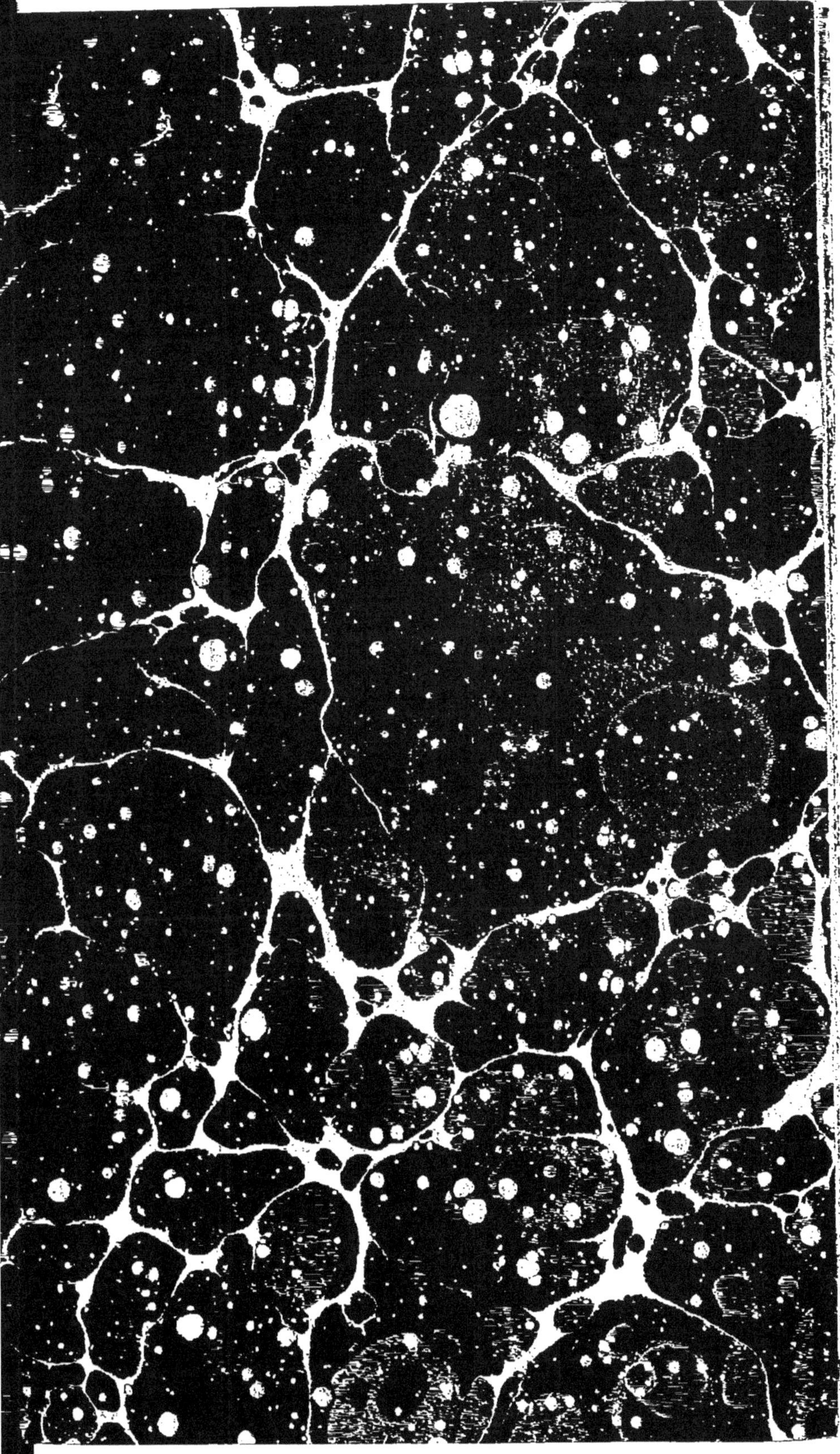

J.H.

ŒUVRES

DE

H. DE BALZAC.

N° 170

Fontainebleau, Imprimerie de E. Jacquin.

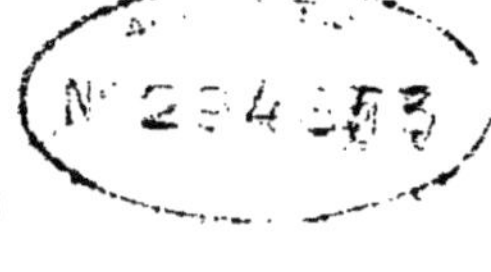

LE

CABINET DES ANTIQUES

SCÈNE DE LA VIE DE PROVINCE.

PAR

H. DE BALZAC.

I

PARIS,
HIPPOLYTE SOUVERAIN, ÉDITEUR
DE H. DE BALZAC, F. SOULIÉ, J. LECOMTE, A. BROT, etc.
RUE DES BEAUX-ARTS, 5.

1839.

BIBLIOTHÈQUE NATIONALE
R.F.
IMPRIMÉS

LE
CABINET DES ANTIQUES.

SCÈNE DE LA VIE DE PROVINCE.

Il est en province trois sortes de supériorités qui tendent incessamment à la quitter pour venir à Paris, et nécessairement appauvrissent d'autant la société de province, laquelle ne peut rien contre ce constant malheur. L'Aristocratie, l'Industrie et le Talent sont éternellement attirés vers Paris qui engloutit ainsi les capacités nées sur tous les points du royaume, en compose son étrange population et dessèche l'intelligence nationale à son profit. La province est la première coupable de cette impulsion qui la dépouille. Un jeune homme se produit-il en donnant des espérances elle lui crie : à Paris ! Dès qu'un négociant a sa fortune faite, il ne pense qu'à la porter dans Paris, qui devient ainsi toute la France. Ce malheur n'existe ni en Italie, ni en Angleterre, ni en Allemagne, ni dans les Pays-Bas, où dix villes capitales offrent des centres d'activité différens, tous remarquables par leurs mœurs, leurs attraits spéciaux. Ce vice, particulier à notre nation, ne devait pas échapper à l'auteur des ÉTUDES DES MŒURS au XVIIIIe Siècle. LE CABINET DES ANTIQUES est une des scènes destinées à peindre les malheurs qui résultent de cette manie. Là gît une des causes principales de la facilité avec laquelle la France change de gouvernemens, de dynasties, et se révolutionne au grand détriment de sa prosperité. En accumulant ainsi sur un point toutes les supériorités, on décuple les conditions de la grandeur individuelle et vous obtenez des combats ignobles et acharnés entre d'éclatantes médiocrités qui s'amoindrissent, se désespèrent et se perdent, tandis qu'ailleurs elles eussent été grandes et bienfaisantes. Ce combat, qui devrait affaiblir les individus et donner de la force au pouvoir, est précisément ce qui le renverse. Toutes ces prétentions veulent le pouvoir, se le partagent par avance, en rendent l'exercice impossible. Elles n'élèvent rien et abattent tout.

LE CABINET DES ANTIQUES est l'histoire de ces jeunes gens pauvres, chargés d'un grand nom, et venus à Paris pour s'y perdre, qui par le jeu, qui par l'envie de briller, qui par l'entraînement de la vie parisienne, qui par une tentative d'augmenter sa fortune, qui par un amour heureux ou malheureux. Le comte d'Esgrignon est la contre-partie de Rastignac, autre type du jeune homme de province, mais adroit, hardi, qui réussit là où le premier succombe.

ILLUSIONS PERDUES, dont la seconde partie est sous

presse, et sera publiée sous le titre de : *Un Grand Homme de Province à Paris*, par l'éditeur même du *Cabinet des Antiques* sera l'histoire complète de ces jeunes gens d'esprit qui vont et viennent de la province à Paris, ayant quelques-unes des conditions du talent sans avoir celles du succès. Le programme de cette œuvre a été donné dans l'avertissement qui précède *Illusions perdues*, il est donc inutile de le répéter. Si l'auteur le rappelle ici, c'est uniquement pour exposer aux personnes qui s'intéressent à son entreprise, l'état dans lequel elle se trouve, et faire comprendre à quelques autres le soin qu'il apporte à la compléter. Car elles ne lui manquent pas, ces sympathies impatientes qui voudraient voir s'élever à la fois et par des lignes égales cette œuvre commencée en tant de places à la fois. Plus d'une amitié le prend par le bras, l'entraîne dans un coin et lui dit :

—N'oubliez-pas de peindre ceci? Vous avez encore

cela ? Il vous reste à faire cette partie curieuse. Chacun a une histoire extrêmement dramatique, arrivée dans telle ville, et qui, racontée par Boccace lui-même, serait plate et sans intérêt. Il n'est donc pas hors de propos de constater, de temps en temps, les œuvres qui sont sur le chantier, afin de prouver que l'auteur n'abandonne point ses plans, et se souvient de ses annonces.

Les Mitouflet, autre livre déjà fort avancé, présentera le tableau des ambitions électorales, qui amènent à Paris les riches industriels de la province, et montrera comment ils y retournent.

Ainsi, dans cette année, la peinture de ces trois grands mouvemens d'ascension vers Paris, de la Noblesse, de la Richesse et des Talens sera terminée.

Ces trois œuvres n'achèveront pas encore le tableau fécond de la vie de province, il serait incomplet sans *les Parisiens en Province*, scène destinée à peindre les catastrophes qui précipitent quelques familles de la capitale en province, l'accueil qu'elles y reçoivent, l'effet et les contrastes qu'elles y produisent, ce qui n'est pas un des moins curieux épisodes de cette vie. Les Scènes de la Vie de Province n'auraient-elles pas été incomplètes, si, après avoir accusé le mouvement ascensionnel de la province vers Paris, l'auteur n'indiquait pas le mouvement opposé.

L'auteur n'a pas renoncé non plus au livre intitulé : *les Héritiers Boirouge*, qui doit occuper une des places les plus importantes dans les Scènes de la Vie de Province, mais qui veut de longues études exigées par la gravité du sujet : il ne s'agit pas moins que de montrer les désordres que cause au sein des familles l'esprit des lois modernes.

Ces deux autres scènes publiées, il ne restera plus que la peinture de la garnison des villes de province et celle de quelques figures assez originales aperçues après coup, pour que cette partie de l'œuvre soit achevée.

Il en a été, pour chacune des portions des ETUDES DE MOEURS, comme de l'ouvrage pris dans son entier : toutes les proportions ont été dépassées à l'exécution. Ces devis littéraires ont singulièrement ressemblé aux devis des architectes. Le désir assez naturel d'être un historien fidèle et complet a jeté l'auteur dans une entreprise qui, maintenant, veut un temps et des travaux inappréciables.

Le Cabinet des Antiques fournira l'occasion de répondre à des critiques qui n'ont pas été faites publiquement à l'auteur.

Beaucoup de gens à qui les ressorts de la vie, vue dans son ensemble, sont familiers, ont prétendu que les choses ne se passaient pas en réalité comme l'auteur les présente dans ses fictions, et l'accusent ici de trop intriguer ses scènes, là d'être incomplet. Certes la vie réelle est trop dramatique ou pas assez souvent littéraire. Le vrai souvent ne serait pas vraisemblable, de même que le vrai littéraire ne saurait être le vrai de la nature. Ceux qui se permettent de semblables observations, s'ils étaient logiques, voudraient, au théâtre, voir les acteurs se tuer réellement.

Ainsi, le *fait vrai* qui a servi à l'auteur dans la composition du *Cabinet des Antiques* a eu quelque chose d'horrible. Le jeune homme a paru en cour d'assises, a été condamné, a été marqué; mais il s'est présenté dans une autre circonstance, à peu près semblable, des détails moins dramatiques, peut-être, mais qui peignaient mieux la vie de province. Ainsi le commencement d'un fait et la fin d'un autre ont composé ce tout. Cette manière de procéder doit être celle d'un historien des mœurs : sa tâche consiste à fondre les faits analogues dans un seul tableau, n'est-il pas tenu de donner plutôt l'esprit que la lettre des événemens, il les synthétise. Souvent il est nécessaire de prendre plusieurs caractères semblables pour arriver à en composer un seul, de même qu'il se rencontre des originaux où le ridicule abonde si bien, qu'en les dédoublant, ils fournissent deux personnages. Souvent la tête d'un drame est très éloignée de sa queue. La nature qui avait très bien commencé son œuvre à Paris, et l'avait finie d'une manière vulgaire, l'a supérieurement achevée ailleurs. Il existe un proverbe italien qui rend à merveille cette observation : *Cette queue n'est pas de ce chat.* (*Questa coda non e di questo gatto.*) La littérature se sert du procédé qu'emploie la peinture, qui, pour faire une belle figure, prend les mains de tel modèle, le pied de tel autre, la poitrine à celui-ci, les épaules de celui-là. L'affaire du peintre est de donner la vie à ces membres choisis et de la rendre probable. S'il vous copiait une femme vraie, vous détourneriez la tête.

L'auteur a déjà souvent répondu qu'il est souvent obligé d'atténuer la crudité de la nature. Quelques lecteurs on traité *le Père Goriot* comme une calomnie envers les enfans ; mais l'événement qui a servi de modèle offrait des circonstances affreuses, et comme il ne s'en présente pas chez les Cannibales ; le pauvre père a crié pendant vingt heures d'agonie pour avoir à boire, sans que personne arrivât à son secours, et ses deux filles étaient, l'une au bal, l'autre au spectacle, quoiqu'elles n'ignorassent pas l'état de leur père. Ce vrai-là n'eût pas été croyable.

Mais quant à l'ensemble des faits rapportés par l'auteur, ils sont tous vrais pris isolément, même les plus romanesques, comme ceux si bizarres de la *Fille aux yeux d'Or*, dont il a vu chez lui le héros. Aucune tête humaine ne serait assez puissante pour inventer une aussi grande quantité de récits, n'est-ce donc pas déjà beaucoup que de pouvoir les amasser. A toutes les époques, les narrateurs ont été les secrétaires de leurs contemporains : il n'est pas un conte de Louis XI ou de Charles-le-Téméraire (les Cent Nouvelles-Nouvelles), pas un du Bandello, de la reine de Navarre, de Boccace, de Giraldi, du Lasca, pas un fabliau des vieux romanciers, qui n'ait pour base un fait contemporain. Ces mille caprices de la vie sociale sont plus ou moins bien enchâssés, présentés; mais, quant à leur vérité, elle se sent, elle perce. Il y a du bonheur dans toute espèce de talent : il s'agit, comme Molière, de savoir prendre son bien où il est. Ce talent n'est pas commun. Si tous les auteurs ont des oreilles, il paraît que tous ne savent pas entendre, ou pour être plus exact, tous n'ont pas les mêmes facultés. Presque tous savent concevoir. Qui ne promène pas sept ou huit drames sur les boulevards en fumant son cigare? qui n'invente pas les plus belles comédies? qui, dans le sérail de son imagination ne possède les plus beaux sujets?

Mais entre ces faciles conceptions et la production il est un abîme de travail, un monde de difficultés que peu d'esprits savent franchir. De là vient qu'aujourd'hui vous trouvez plus de critiques que d'œuvres, plus de feuilletons où l'on glose sur un livre que de livres.

Il est aussi facile de rêver un livre, qu'il est difficile de le faire.

La plupart des livres dont le sujet est entièrement fictif, qui ne se rattachent de près ou de loin à aucune réalité, sont mort-nés; tandis que ceux qui reposent sur des faits observés, étendus, pris à la vie réelle, obtiennent les honneurs de la longévité. C'est le secret des succès obtenus par Manon Lescaut, par Corinne, par Adolphe, par Réné, par Paul et Virginie. Ces touchantes histoires sont des études autobiographiques, ou des récits d'événemens enfouis dans l'océan du monde et ramenés au grand jour par le harpon du génie. Walter-Scott a pris soin de nous indiquer quelques-unes des sources vivantes auxquelles il a puisé. Certes, après avoir reçu la confidence du fait qui a servi à la conception de la *Fiancée de Lammermoor*, il se trouvait dans le cercle de ses connaissances, un caractère comme celui du chancelier d'Ecosse et une femme comme lady Asthon. Il a pu inventer Ravenswood, mais non ceux-là. Tout personnage épique est un sentiment habillé, qui marche sur deux jambes et qui se meut : il peut sortir de l'ame. De tels personnages sont en quelque sorte les fantômes de nos vœux, la réalisation de nos espérances, ils font admirablement ressortir la vérité des caractères réels copiés par un auteur, ils en relèvent la vulgarité. Sans toutes ces précautions, il n'y aurait plus ni art ni littérature. Au lieu de composer une histoire, il suffirait, pour obéir à certaines critiques, de se constituer le sténographe de tous les tribunaux de France. Vous auriez alors le vrai dans sa pureté, une horrible histoire que vous laisseriez avant d'avoir achevé le premier volume. Vous pouvez en lire un fragment tous les jours, entre les annonces des remèdes pour les maladies les plus ignobles et les articles louangeurs des livres à soutenir, à côté des mille industries qui naissent et qui meurent, après les débats des chambres: vous n'en soutiendriez pas la lecture continue.

Si cette explication, utile pour quelques esprits, inutile à la majorité, ne jetait quelques lumières sur la manière dont l'auteur compose une œuvre immense comme collection de faits sociaux, il se serait d'autant plus dispensé de la donner que ces avertissemens et ces préfaces doivent disparaître tout-à-fait lorsque l'ouvrage sera terminé et qu'il paraîtra dans sa véritable forme et complet.

Dédicace.

A monsieur le baron

De Hammer-Purgstall;

Conseiller aulique, auteur de l'*Histoire de l'Empire ottoman*, à Vienne.

Cher baron,

Vous vous êtes si chaudement intéressé à la longue et vaste histoire des mœurs françaises au dix-neuvième siècle, et vous avez accordé de tels encouragemens à mon œuvre, que vous m'avez ainsi donné le droit d'attacher votre nom à l'un des fragmens qui en feront partie. N'êtes-vous pas un des plus graves représentans de la consciencieuse et studieuse Allemagne? Votre approbation ne doit-elle pas en commander d'autres et protéger mon entreprise? Je suis si fier de l'avoir obtenue que j'ai tâché de la mériter en continuant mes travaux avec cette intrépidité qui a caractérisé vos études et la recherche de tous les documens sans lesquels le monde littéraire n'aurait pas eu le monument élevé par vous. Votre sympathie pour des labeurs que vous avez connus et appliqués aux grands intérêts de la société orientale la plus éclatante, a souvent soutenu l'ardeur de mes veilles occupées par les menus détails de notre société moderne. Ne serez-vous pas heureux de le savoir, vous dont la bonté peut se comparer à celle de notre La Fontaine.

Je souhaite, cher baron, que ce témoignage de ma vénération pour vous et votre œuvre vienne vous trouver à Dobling, et vous y rappelle, ainsi qu'à tous les vôtres, un de vos plus sincères admirateurs et amis.

DE BALZAC.

Aux Jardies, février 1839.

CHAPITRE I.

LES DEUX SALONS.

Dans une des moins importantes préfectures de France, au centre de la ville, au coin d'une rue, est une maison; mais les noms de cette rue et de cette ville doivent être un secret. L'aventure dite, chacun appréciera les motifs de la sage retenue que s'impose le narrateur. La maison s'appelait l'hôtel d'Esgrignon; mais sachez encore que d'Esgrignon est une étiquette, un nom de convention, et n'a pas plus de réalité que n'en ont eu les Belval, les Floricour, les Derville de la comédie, les Adalbert ou les Monbreuse du roman, et que les noms des principaux personnages seront également changés. Ici l'auteur voudrait rassembler des contradictions, entasser des anachronismes, de manière à enfouir la vérité sous un tas d'invraisemblances et de choses absurdes; quoi qu'il fasse, elle poindera toujours, comme une vigne mal arrachée repousse en jets vigoureux, çà et là, sur un vignoble labouré.

L'hôtel d'Esgrignon était tout bonnement la maison où demeurait un vieux gentilhomme, nommé Charles-Marie-Victor-Ange Carol, marquis d'Esgrignon. La société commerçante et bourgeoise de la ville avait épigrammatiquement nommé son logis un hôtel, et depuis une vingtaine d'années, la plupart des habitans avait fini par dire sérieusement *l'hôtel d'Esgri-*

gnon, en désignant la demeure du marquis.

Le nom de Carol (les frères Thierry l'eussent orthographié Karawl) était un nom glorieux, le nom d'un des plus puissans chefs venus jadis du Nord pour conquérir et féodaliser les Gaules. Jamais les Carol n'avaient plié la tête, ni devant les Communes, ni devant la Royauté, ni devant l'Eglise, ni devant la Finance. Chargés autrefois de défendre une Marche française, leur titre de marquis était réel, le fief d'Esgrignon avait toujours été leur bien. Vraie noblesse de province, ignorée depuis cent ans à la cour, mais pure de tout alliage, mais souveraine aux États de la province, mais respectée des gens du pays comme une superstition et à l'égal d'une bonne vierge qui guérit les maux de dents, cette maison s'était conservée au fond de sa province comme les pieux charbonnés de quelque pont de César se conservent au fond d'un fleuve. Pendant treize cents ans, les filles avaient été régulièrement mariées sans dot ou faites religieuses ; les cadets avaient constamment accepté leurs légitimes maternelles, et devenaient soldats ou évêques, allaient se marier à la cour ou servaient dans la marine. Un cadet de la maison d'Esgrignon fut amiral, fut fait duc et pair, et mourut sans postérité. Jamais le marquis d'Esgrignon, chef de la branche aînée, ne voulut accepter le titre de duc.

— Je tiens le marquisat d'Esgrignon aux mêmes conditions que le roi tient l'État de France, dit-il au connétable de Luynes, qui n'était alors à ses yeux qu'un très petit compagnon.

Comptez que, durant les troubles, il y eut des d'Esgrignon décapités. Le sang franc se conserva, noble et fier, jusqu'en l'an 1789. Le marquis d'Esgrignon actuel n'émigra pas : il devait défendre sa Marche. Le respect qu'il avait inspiré aux gens de la campagne préserva sa tête de l'échafaud ; mais la haine des vrais Sans-Culottes fut assez puissante pour le faire considérer comme émigré, pendant le temps qu'il fut obligé de se cacher. Au nom du peuple souverain, le district déshonora la terre d'Esgrignon, les bois furent nationalement vendus, malgré les réclamations personnelles du marquis, alors âgé de quarante ans. Mademoiselle d'Esgrignon, sa sœur, étant mineure, sauva quelques portions considérables du fief par l'entremise d'un jeune intendant de la famille, qui demanda le partage de présuccession au nom de sa cliente : le château, quelques fermes lui furent attribués par la liquidation que fit la République. Le fidèle Chesnel fut obligé d'acheter en son nom, avec les deniers que lui apporta le marquis, certaines parties du domaine auxquelles son maître tenait particulièrement, telles que l'église, le presbytère et les jardins du château.

Les lentes et rapides années de la terreur étant passées, d'Esgrignon, dont le carac'... avait imposé des sentimens respectueux à la contrée, voulut revenir habiter son châte ı avec sa sœur mademoiselle d'Esgrignon, afin d'améliorer les biens au sauvetage desquels s'était employé maître Chesnel, notaire de la ville, son ancien intendant. Mais hélas! le château pillé, démeublé, n'était-il pas trop vaste, trop coûteux, pour un propriétaire dont tous les revenus avaient été supprimés, dont les forêts avaient été dépécées, les moulins, les étangs vendus, desséchés, et qui, pour le moment, ne pouvait pas tirer plus de neuf mille francs en sac de ses domaines conservés.

Quand le notaire ramena son ancien maître, au mois d'octobre 1800, dans le vieux château féodal, il ne put se défendre d'une émotion profonde en voyant le marquis immobile, au milieu de la cour, devant ses douves comblées, regardant ses tours rasées au niveau des toits. Le Franc contemplait en silence et tour à tour le ciel et la place où étaient jadis les jolies girouettes des tourelles gothiques, comme pour demander à Dieu la raison de ce déménagement social. Chesnel seul pouvait comprendre la profonde douleur du marquis, alors nommé le citoyen Carol. Ce grand d'Esgrignon resta long-temps muet, il aspira la senteur patrimoniale de l'air et jeta la plus mélancolique des interjections.

— Chesnel, dit-il, plus tard nous reviendrons ici, quand les troubles seront finis; mais jusqu'à l'édit de pacification je ne saurais y habiter.

Il montra le château, se retourna, remonta sur son cheval et accompagna sa sœur, qui était dans une mauvaise carriole d'osier appartenant au notaire. A la ville, plus d'hôtel d'Esgrignon. La noble maison avait été démolie, sur son emplacement s'étaient élevées deux manufactures. Maître Chesnel employa le dernier sac de louis du marquis à acheter, au coin de la place, une vieille maison à pignon, à girouette, à tourelle, à colombier, où jadis était établi d'abord le baillage seigneurial, puis le présidial, et qui appartenait au marquis d'Esgrignon. Moyennant cinq cents louis, l'acquéreur national rétrocéda ce vieil édifice au légitime propriétaire, et ce fut alors que, moitié par raillerie, moitié sérieusement, elle fut appelée *hôtel d'Esgrignon.*

En 1800, quelques émigrés rentrèrent en France, les radiations des noms inscrits sur les fatales listes s'obtenaient assez facilement. Parmi les personnes nobles qui revinrent les premières dans la ville, se trouvèrent le baron de Nouâtre et sa fille : ils étaient ruinés. Monsieur d'Esgrignon leur offrit généreusement un asile, où le baron mourut deux mois après, consumé de chagrins. Mademoiselle de Nouâtre avait vingt-deux ans, les Nouâtre étaient du plus pur sang noble; le marquis d'Esgrignon l'épousa pour continuer sa maison; mais elle mourut en couches, tuée par l'inhabileté du médecin, et laissa fort heureusement un fils à la maison d'Esgrignon. Le pauvre vieillard, le marquis avait alors cinquante-trois ans, mais l'adversité et les cuisantes douleurs de sa vie avaient constamment donné plus de douze mois aux années, le vieillard donc perdit la joie de ses vieux jours, en voyant expirer la plus jolie des créatures humaines, cette noble femme en qui revivaient les graces maintenant imaginaires des figures féminines du seizième siècle; il reçut un de ces coups terribles dont les retentissemens se répètent dans tous les momens de la vie. Le vieillard était debout devant le lit; il baisa le front de sa femme qui restait, comme une sainte, les mains jointes; puis il tira sa montre, en brisa la roue, et alla la suspendre à la cheminée. Il était onze heures avant midi.

— Mademoiselle d'Esgrignon, prions Dieu que cette heure ne soit plus fatale à notre maison. Mon oncle, monseigneur l'archevêque, a été massacré à cette heure, à cette heure mourut aussi mon père...

Il s'agenouilla près du lit, en s'y appuyant la tête, sa sœur l'imita : puis, après un moment, tous deux se relevèrent : mademoiselle d'Esgrignon fondait en larmes, le vieux marquis regardait l'enfant, la chambre et la morte d'un œil sec, il avait une intrépidité chrétienne, jointe à son opiniâtreté de Franc.

Ceci se passait dans la deuxième année de notre siècle. Mademoiselle d'Esgrignon avait vingt-sept ans. Elle était belle. Un parvenu, fournisseur des armées de la République, né dans le pays, riche de mille écus de rente, obtint de maître Chesnel, après en avoir vaincu les résistances, qu'il parlât de mariage en sa faveur à mademoiselle d'Esgrignon. Le frère et la sœur se courroucèrent autant l'un que l'autre d'une semblable hardiesse. Chesnel fut au désespoir de s'être laissé séduire par le sieur du Croisier. Depuis ce jour, il ne retrouva plus dans les manières ni dans les paroles du marquis d'Esgrignon cette caressante bienveillance qui pouvait passer pour de l'amitié. Désormais, le marquis eut pour lui de la reconnaissance. Cette reconnaissance noble et vraie causait de perpétuelles douleurs au bon vieux notaire. Il est des cœurs sublimes auxquels la gratitude semble un paiement énorme, et qui préfèrent la douce égalité de sentiment que donnent l'harmonie des pensées et la fusion volontaire des ames. Maître Chesnel avait goûté le plaisir de cette honorable amitié; le marquis l'avait élevé jusqu'à lui, c'était moins qu'un enfant et plus qu'un serviteur : c'était l'homme-lige volontaire, le serf attaché par tous les liens du cœur à son suzerain; on ne comptait plus avec lui, tout se balançait par les continuelles échanges d'une affection vraie. Aux yeux du marquis, le caractère officiel que le notariat donnait à Chesnel ne signifiait rien, son serviteur était simplement déguisé en notaire. Aux yeux de Chesnel, le marquis était un être qui appartenait toujours à une race divine ; il croyait à la noblesse, il se souvenait sans honte que son père ouvrait les portes du salon et disait : Monsieur le marquis est servi. Son dévoûment à la noble maison ruinée ne procédait pas d'une foi, mais d'un égoïsme, il se considérait comme faisant partie de la famille. Son chagrin fut profond. Quand il osa parler de son erreur au marquis malgré la défense du marquis : — Chesnel, lui dit le vieux noble d'un ton grave, tu ne te serais pas permis d'aussi injurieuses suppositions avant les troubles. Que sont donc les nouvelles doctrines si elles l'ont gâté ?

Maître Chesnel avait la confiance de toute la ville, il y était considéré, sa haute probité, sa grande fortune contribuait à lui donner de l'importance; il eut dès-lors une aversion décidée pour le sieur du Croisier. Quoique le notaire fût de mœurs douces, il fit épouser ses répugnances à bon nombre de familles. Du Croisier, homme haineux et capable de couver une vengeance pendant vingt ans, conçut pour le notaire et pour la famille d'Esgrignon une de ces haines sourdes et capitales, comme il s'en rencontre en province. Ce refus le tuait aux yeux des malicieux provinciaux parmi lesquels il était venu passer ses jours, et qu'il voulait dominer. Ce fut une catastrophe si réelle que les effets ne tardèrent pas à se faire sentir.

Du Croisier fut également refusé par une vieille fille à laquelle il s'adressa en désespoir de cause. Ainsi les plans ambitieux qu'il avait formés d'abord, manquèrent une première fois par le refus de mademoiselle d'Esgrignon, de qui l'alliance lui aurait donné l'entrée dans le faubourg Saint-Germain de la province; et le second refus le déconsidéra si fortement qu'il eut beaucoup de peine à se maintenir dans la seconde société de la ville.

En 1805, M. de La Roche-Guyon, l'aîné d'une des plus anciennes familles du pays, et qui s'était jadis alliée aux d'Esgrignon, fit demander, par maître Chesnel, la main de mademoiselle d'Esgrignon; mais mademoiselle Marie-Armande-Claire d'Esgrignon refusa d'entendre le notaire.

— Vous devriez avoir deviné, mon cher Chesnel, lui dit-elle, en achevant de coucher son neveu, bel enfant de cinq ans, que je suis mère.

Le vieux marquis se leva pour aller au-devant de sa sœur qui revenait du berceau, et lui baisa la main respectueusement, puis en se rasseyant, il retrouva la parole pour dire :

— Vous êtes une d'Esgrignon, ma sœur !

La noble fille tressaillit et pleura. Dans ses vieux jours, monsieur d'Esgrignon, père du marquis, avait épousé la petite-fille d'un traitant anobli sous Louis XIV, et ce mariage fut considéré comme une horrible mésalliance par la famille. Armande savait cela. Quoique son frère fût excellent pour elle, il la considérait toujours comme une étrangère. Ce mot la légitimait. Mais aussi sa réponse ne couronnait-elle pas admirablement la noble conduite qu'elle avait tenue depuis onze années, lorsqu'à partir de sa majorité, chacune de ses actions fut marquée au coin du dévoûment le plus pur. Elle avait une sorte de culte pour son frère.

— Je mourrai mademoiselle d'Esgrignon, dit-elle simplement au notaire.

— Il n'y a point pour vous de plus beau titre, répondit Chesnel qui crut lui faire un compliment.

La pauvre fille rougit.

— Tu as dit une sottise, Chesnel, répliqua le vieux marquis tout à la fois flatté du mot de son ancien serviteur et du chagrin qu'il causait à sa sœur. Une d'Esgrignon peut épouser un Montmorency, notre sang n'est pas aussi mêlé que l'a été le leur.

« Je ne me souviens pas d'avoir jamais ren-
» contré de femme qui ait autant que made-
» moiselle d'Esgrignon frappé mon imagination,
» dit à l'auteur la personne à laquelle il est
» redevable de cette histoire. J'étais à la vérité
» fort jeune, j'étais un enfant, et peut-être
» les images qu'elle a laissées dans ma mé-
» moire, doivent-elles la vivacité de leurs
» teintes à la disposition qui nous entraîne

» alors vers les choses merveilleuses. Quand je
» la voyais venir de loin sur le Cours où je
» jouais avec d'autres enfans et qu'elle y ame-
» nait Victurnien, son neveu, j'éprouvais une
» émotion qui tenait beaucoup des sensations
» produites par le galvanisme sur les êtres
» morts. Quelque jeune que je fusse, je me
» sentais comme doué d'une nouvelle vie. Ma-
» demoiselle Armande avait les cheveux d'un
» blond fauve, ses joues étaient couvertes d'un
» très fin duvet à reflets argentés que je me
» plaisais à voir en me mettant de manière à
» ce que la coupe de sa figure fût illuminée
» par le jour, et je me laissais aller aux fasci-
» nations de ces yeux d'émeraude qui rêvaient,
» et me jetaient du feu quand ils tombaient
» sur moi. Je feignais de me rouler sur l'herbe
» devant elle en jouant, mais je tâchais d'ar-
» river à ses pieds mignons pour les admirer
» de plus près. La molle blancheur de son

» teint, la finesse de ses traits, la pureté des » lignes de son front, l'élégance de sa taille » mince, me surprenaient sans que je m'aper- » çusse de l'élégance de sa taille ni de la beauté » de son front, ni de l'ovale parfait de son vi- » sage; je l'admirais comme on prie à mon » âge, sans trop savoir pourquoi. Puis, quand » mes regards perçans avaient enfin attiré les » siens, et qu'elle me disait de sa voix mélo- » dieuse, qui me semblait déployer plus de vo- » lume que toutes les autres voix : — Que fais-tu » là, petit ? Pourquoi me regardes-tu ? Je venais, » je me tortillais, je me mordais les doigts, je » rougissais et je disais : — Je ne sais pas.

» Si, par hasard, elle passait sa main blanche » dans mes cheveux en me demandant mon » âge, je m'en allais en courant et en lui ré- » pondant de loin : — Onze ans ! Quand en » lisant les *Mille et une Nuits*, je voyais appa- » raître une reine ou une fée, je leur prêtais

» les traits et la démarche de Mademoiselle
» d'Esgrignon. Quand mon maître de dessin
» me fit copier des têtes d'après l'antique, je
» remarquais que ces têtes étaient coiffées
» comme l'était mademoiselle d'Esgrignon.
» Plus tard, quand ces folles idées s'en allèrent
» une à une, mademoiselle Armande pour la-
» quelle les hommes se dérangeaient respec-
» tueusement sur le Cours afin de lui faire
» place, et qui contemplaient les jeux de sa
» longue robe brune, jusqu'à ce qu'ils l'eus-
» sent perdue de vue, mademoiselle Armande
» resta vaguement dans ma mémoire comme
» un type. Ses formes exquises dont un coup
» de vent me montrait la grâce et la rondeur,
» et que je savais retrouver malgré l'ampleur
» de sa robe, ses formes revinrent dans mes
» rêves de jeune homme. Puis, encore plus
» tard, quand je songeai gravement à quelques
» mystères de la pensée humaine, je crus me

» souvenir que le respect profond dont j'étais
» saisi procédait des sentimens exprimés sur
» la figure et dans l'attitude de mademoiselle
» d'Esgrignon. L'admirable calme de cette tête
» intérieurement ardente, la dignité des mou-
» vemens, la sainteté des devoirs accomplis
» me touchaient et m'imposaient. Les enfans
» sont plus pénétrables qu'on ne le croit par
» les invisibles effets des idées : ils ne se mo-
» que jamais d'une personne vraiment impo-
» sante, la véritable grâce les touche, la beauté
» les attire parce qu'ils sont beaux et qu'il
» existe des liens mystérieux entre les choses
» de même nature. Mademoiselle d'Esgrignon
» fut une de mes religions. Jamais ma folle
» imagination ne grimpe aujourd'hui l'escalier
» en colimaçon d'un antique manoir sans s'y
» peindre mademoiselle Armande comme le
» génie de la féodalité ; quand je lis les vieilles
» chroniques, elle paraît à mes yeux sous les

» traits des femmes célèbres, elle est tour-à-
» tour Agnès, Marie Touchet, Gabrielle, je
» lui prête tout l'amour perdu dans son cœur
« et qu'elle n'exprima jamais. Cette céleste
» figure, entrevue à travers les nuageuses illu-
» sions de l'enfance vient maintenant au milieu
» des nuées de mes rêves. »

Souvenez-vous de ce portrait fidèle au moral comme au physique? Mademoiselle d'Esgrignon est une des figures les plus instructives de cette histoire, elle vous apprendra ce que les vertus les plus pures peuvent avoir de nuisible.

Pendant les années 1804 et 1805, les deux tiers des familles émigrées revinrent en France. Presque toutes celles de la province où demeurait monsieur le marquis d'Esgrignon se replantèrent dans le sol paternel; mais il y eut alors des défections : quelques gentilshommes prirent du service, soit dans les armées de

Napoléon, soit à sa cour; d'autres firent des alliances avec certains parvenus. Tous ceux qui entrèrent dans le mouvement impérial reconstituèrent leurs fortunes et retrouvèrent leurs bois par la munificence de l'empereur; beaucoup d'entre eux restèrent à Paris; mais il y eut huit ou neuf familles nobles, qui demeurèrent fidèles à la noblesse proscrite et à leurs idées sur la monarchie écroulée : les La Roche-Guyon, les Nouâtre, les Gordon, les Casteran, etc. Les uns étaient pauvres, les autres riches; mais le plus ou le moins d'or ne se comptait pas : l'antiquité, la conservation du nom était tout pour elles, absolument comme pour un antiquaire, le poids de la médaille ne signifie rien; la beauté de la pièce consiste dans la pureté des lettres et de la tête, dans sa rareté, dans l'ancienneté de son coin. Ces familles prirent pour chef le marquis d'Esgrignon, et sa maison devint leur cénacle. Là, l'empereur et roi ne fût jamais que monsieur de Buonaparte ; là, le souverain était Louis XVIII, alors à Mittau ; là, le département était toujours la province et la préfecture une intendance. L'admirable conduite, la loyauté de gentilhomme, l'intrépidité du marquis d'Esgrignon, lui valaient de sincères hommages ; de même que ses malheurs, sa constance, son inaltérable attachement à ses opinions, lui méritaient en ville un respect universel ; il y était admiré comme une belle ruine, il avait toute la majesté d'une grande chose détruite. Sa délicatesse chevaleresque était si bien connue qu'en plusieurs circonstances, il fut pris par des plaideurs pour unique arbitre. Les gens bien élevés qui appartenaient au système impérial, les autorités même avaient pour ses préjugés autant de complaisances qu'ils avaient d'égards pour sa personne. Mais une grande partie de la société nouvelle, les gens qui, sous la restauration, devaient s'appeler *les libéraux*, et à la tête desquels se trouva secrètement du Croisier, se moquaient de l'oasis aristocratique où il n'était donné à personne d'entrer, sans être bon gentilhomme ou irréprochable. Leur animosité fut d'autant plus forte que beaucoup d'honnêtes gens, de dignes hobereaux, quelques personnes de la haute administration s'obstinaient à considérer le salon du marquis d'Esgrignon comme le seul où il y eût bonne compagnie. Le préfet, chambellan de l'empereur, faisait des démarches pour y être reçu, et y envoyait humblement sa femme qui était une Grandlieu. Les exclus avaient donc, en haine de ce petit faubourg Saint-Germain de province, donné le sobriquet de *Cabinet des Antiques* au salon du marquis d'Esgrignon, qu'ils nommaient monsieur Carol, et auquel le percepteur des contributions adressait toujours son avertissement avec cette parenthèse (ci-devant d'Esgrignon).

« Quant à moi, disait la personne déjà citée, si je veux rassembler mes souvenirs d'enfance, j'avouerai que ce sobriquet me faisait toujours rire, malgré mon respect, dois-je dire mon amour pour mademoiselle Armande. La maison appelée l'hôtel d'Esgrignon, donnait sur deux rues, à l'angle desquelles elle était située, en sorte que le salon avait deux fenêtres sur l'une et deux fenêtres sur l'autre de ces rues, les plus passantes de la ville. La place du marché se se trouvait à cinq cents pas de l'hôtel. Ce salon était alors comme une cage de verre, et personne n'allait et venait dans la ville sans y jeter un coup-d'œil. Ce salon me sembla toujours, à moi, bambin de douze ans, être une de ces curiosités rares qui se trouvent plus tard, quand on y songe, sur les limites du réel et du fantastique, sans qu'on

» puisse savoir si elles sont plus d'un côté que
» de l'autre. Ce salon, autrefois la salle d'au-
» dience, était élevée sur un étage de caves à
» soupiraux grillés, où gisaient jadis les cri-
» minels de la province, mais où maintenant
» se faisait la cuisine du marquis. Je ne sais
» pas si la magnifique et haute cheminée du
» Louvre, si merveilleusement sculptée, m'a
» causé plus d'étonnement que je n'en ressen-
» tis en voyant pour la première fois l'immense
» cheminée de ce salon brodé comme un me-
» lon, et au-dessus de laquelle était un grand
» portrait équestre de Henri III, (sous qui cette
» province, ancien duché d'apanage, fut réunie
» à la couronne,) exécuté en ronde bosse et
» encadré de dorures. La plafond était formé
» de poutres de châtaignier qui composaient
» des caissons intérieurement ornés de mas-
» ques. Ce plafond magnifique avait été doré
» sur ses arêtes, mais la dorure se voyait à

» peine. Les murs étaient tendus de tapisse-
» ries flamandes, représentant en six tableaux
» le jugement de Salomon et encadrées de
» thyrses dorés où se jouaient des amours et
» des satyres. Le marquis avait fait parqueter
» ce salon. Parmi les débris des châteaux qui
» se vendirent de 1793 à 1795, le notaire s'é-
» tait procuré des consoles dans le goût du
» siècle de Louis XIV, un meuble en tapisse-
» rie, des tables, des cartels, des feux, des
» girandoles qui complétaient merveilleuse-
» ment ce grandissime salon en disproportion
» avec toute la maison, mais qui heureusement
» avait une antichambre aussi haute d'étage,
» l'ancienne salle des Pas-Perdus du Présidial,
» à laquelle communiquait la chambre des déli-
» bérations convertie en salle à manger. Sous ces
» vieux lambris, oripeaux d'un temps qui n'é-
» tait plus, s'agitaient en première ligne huit
» ou dix douairières, les unes au chef bran-

» lant, les autres desséchées et noires comme
» des momies; celles-ci raides, celles-là incli-
» nées, toutes encaparaçonnées d'habits plus
» ou moins fantasques en opposition avec la
» mode; des têtes poudrées à cheveux bou-
» clés, des bonnets à coques, des dentelles
» rousses. Les peintures les plus bouffonnes
» ou les plus sérieuses n'ont jamais atteint à
» la poésie divagante de ces femmes, elles re-
» viennent dans mes rêves, elles grimacent
» dans mes souvenirs aussitôt que je rencontre
» une vieille femme dont la figure ou la toi-
» lette m'en offre quelques traits. Mais soit
» que le malheur m'ait initié aux secrets des
» infortunes, soit que j'aie compris tous les sen-
» timens humains, surtout les regrets et l'âge, je
» n'ai jamais plus retrouvé nulle part, ni chez
» les mourans, ni chez les vivans, la pâleur
» de certains yeux gris, l'effrayante vivacité
» de quelques yeux noirs; ni Maturin, ni

» Hoffmann, les deux plus sinistres imaginations
» de ce temps ne m'ont jamais causé l'épouvante
» que me causèrent les mouvemens automa-
» tiques de ces corps busqués. Le rouge des
» acteurs ne m'a point surpris, j'avais vu là
» du rouge invétéré, du rouge de naissance,
» disait un de mes camarades au moins aussi
« espiègle que je pouvais l'être. Il y avait des
» figures aplaties, mais creusées par des
» rides qui ressemblaient aux têtes de casse-
» noisette sculptées en Allemagne; je voyais
» à travers les carreaux des corps bossués, des
» membres mal attachés dont je n'ai jamais
» tenté d'expliquer l'économie ni la contexture;
» puis des mâchoires carrées et très apparentes,
» des os exorbitans, des hanches luxuriantes.
» Quand ces femmes allaient et venaient, elles
» ne me semblaient pas moins extraordinaires
» que quand elles gardaient leur immobi-
» lité mortuaire, alors qu'elles jouaient aux

» cartes. Les hommes de ce salon avaient les » couleurs grises et fanées des vieilles tapisse- » ries, leur vie était frappée d'indécision; mais » leur costume se rapprochait beaucoup des » costumes alors en usage; seulement leurs » cheveux blancs, leurs visages flétris, leur » teint de cire, leurs fronts ruinés, la pâleur » des yeux leur donnaient à tous une ressem- » blance avec les femmes qui détruisait la réalité » de leur costume. La certitude de trouver ces » personnages invariablement attablés ou assis » aux mêmes heures, achevait de leur prêter » à mes yeux je ne sais quoi de théâtral, de » pompeux, de surnaturel. Jamais je ne suis » entré depuis dans ces garde-meubles célè- » bres, à Paris, à Londres, à Vienne, à Mu- » nich, où de vieux gardiens vous montrent les » splendeurs des temps passés, sans que je » les peuplasse des figures du Cabinet des An- » tiques. Nous nous proposions souvent entre

» nous, écoliers de huit à dix ans, comme une » partie de plaisir, d'aller voir ces raretés dans » leur cage de verre. Mais aussitôt que je voyais » la suave mademoiselle Armande, je tressaillais, » puis j'admirais avec un sentiment de jalousie, » ce délicieux enfant, Victurnien chez lequel nous » pressentions tous une nature supérieure à la » nôtre. Ce bel enfant, cette noble créature au » milieu de ce cimetière réveillé avant le temps, » nous frappait par je ne sais quoi d'étrange; » enfin nous nous sentions bourgeois et petits » devant cette cour orgueilleuse. »

Les catastrophes de 1813 et de 1814, qui abattirent Napoléon, rendirent la vie aux hôtes du Cabinet des Antiques, et surtout l'espoir de retrouver leur ancienne importance; mais les événemens de 1815, les malheurs de l'occupation étrangère, enfin les oscillations du gouvernement ajournèrent jusqu'à la chûte de monsieur Decazes les espérances de ces personnages, en sorte que cette histoire ne prit de consistance qu'en 1822.

Or, en 1822, malgré les bénéfices que la Restauration apportait aux émigrés, la fortune du marquis d'Esgrignon n'avait pas augmenté. De tous les nobles atteints par les lois révolutionnaires, aucun ne fut plus maltraité, car la majeure portion de ses revenus consistait, avant 1789, en droits domaniaux résultant, comme chez quelques grandes familles, de la mouvance de ses fiefs, que les seigneurs s'efforçaient de détailler afin de grossir le produit des *lods et ventes*. Les familles qui se trouvèrent dans ce cas furent ruinées sans aucun espoir de retour. L'ordonnance par laquelle Louis XVIII restitua les biens non vendus aux émigrés ne pouvait leur rien rendre, et plus tard la loi sur l'indemnité ne devait pas les indemniser. On sait que leurs droits supprimés furent rétablis, au profit de l'état, sous le même nom de *Do-*

maines. Le marquis appartenait nécessairement à cette fraction du parti royaliste, qui ne conçut aucune transaction avec ceux qu'il nommait, non pas les révolutionnaires, mais les révoltés, plus parlementairement appelés Libéraux ou Constitutionnels. Ces royalistes, surnommés *Ultras* par l'Opposition, eurent pour chefs et pour héros les courageux orateurs de la Droite, qui tentèrent, comme monsieur de Polignac, dès la première séance royale, de protester contre la charte de Louis XVIII, en la regardant comme un mauvais édit arraché par la nécessité du moment, et sur lequel la Royauté devait revenir. Ainsi, loin de s'associer à la rénovation de mœurs que voulut opérer Louis XVIII, le marquis restait tranquille, au port d'armes des purs de la Droite, espérant la restitution de son immense fortune, et n'admettant même pas la pensée de cette indemnité qui préoccupa le ministère de monsieur de Villèle, et qui devait consolider le trône en éteignant la fatale distinction, maintenue malgré les lois, entre les propriétés. Les miracles de la Restauration de 1814, ceux du retour de Napoléon en 1815, les prodiges de la nouvelle fuite de la Maison de Bourbon et de son second retour, cette phase quasi-fabuleuse de l'histoire contemporaine surprit le marquis à soixante-sept ans; âge auquel les plus fiers caractères de notre temps, moins abattus qu'usés par les événemens de la Révolution et de l'Empire, avaient, au fond des provinces, converti leur activité en idées passionnées, inébranlables, et s'étaient retranchés dans l'énervante et douce habitude de la vie qu'on y mène. N'est-ce pas le plus grand malheur qui puisse affliger un parti, que d'être représenté par des vieillards, quand déjà ses idées sont taxées de vieillesse? D'ailleurs, lorsqu'en 1817 le Trône légitime parut solidement assis, le marquis se demanda ce qu'un septuagénaire irait faire à la cour, quelle charge, quel emploi pouvait-il exercer? Le noble et fier marquis d'Esgrignon se contentait donc, et devait se contenter du triomphe de la Monarchie et de la Religion, en attendant les résultats de cette victoire inespérée, disputée, et qui fut simplement un armistice. Il continuait donc à trôner dans son salon, si bien nommé le Cabinet des Antiques, surnom de douce moquerie, qui sous la Restauration dut s'envenimer, alors que les vaincus se trouvèrent les vainqueurs.

Cette ville, en effet, ne fut pas plus préservée que la plupart des villes de province des haines et des rivalités engendrées par l'esprit de parti. Contre l'attente générale, du Croisier avait épousé la vieille fille riche qui l'avait refusé d'abord, et quoiqu'il eût auprès d'elle pour rival l'enfant gâté de l'aristocratie de la ville, un certain chevalier, dont nous tairons le nom illustre en ne le désignant, suivant un vieil adage d'autrefois, dans le courant de cette histoire, que par son titre comme la ville avait coutume de le faire : il était là le CHEVALIER comme à la cour le comte d'Artois était MONSIEUR. Non-seulement ce mariage avait engendré l'une de ces guerres à toutes armes comme il s'en entretient en province, mais il avait encore accéléré cette séparation entre la haute et la petite aristocratie, entre les élémens bourgeois et les élémens nobles réunis un moment sous la pression de la grande autorité napoléonienne; division subite dont notre pays a tant souffert. En France, ce qu'il y a de plus national, est la vanité : la masse des vanités blessées y a donné cette soif de l'égalité que plus tard les plus ardens novateurs trouveront impossible. Les Royalistes piquaient au cœur les Libéraux dans les endroits les plus sensibles. En province surtout, les deux partis se prêtaient réciproquement des horreurs et se calomniaient honteusement. On commettait en politique les actions les plus noires pour attirer à soi l'opinion publique, pour capter les voix de ce parterre imbécile qui jette ses bras aux gens assez habiles pour les armer. Ces luttes s'y formulaient en quelques individus, et ces individus, qui se haïssaient comme ennemis politiques, devenaient aussitôt ennemis particuliers. En province, il était difficile de ne pas se prendre corps à corps, à propos des questions ou des intérêts qui, dans la capitale, apparaissaient sous leurs formes générales, théoriques, et qui dès lors grandissaient assez les champions pour que monsieur Laffitte, par exemple, ou Casimir Périer, pussent respecter l'homme dans monsieur de Villèle ou dans monsieur de Peyronnet. Monsieur Laffitte, qui faisait tirer sur les ministres, les aurait cachés dans son hôtel, s'ils y étaient venus le 29 juillet 1830. Benjamin Constant envoyait son livre sur la religion au vicomte de Châteaubriand, en l'accompagnant d'une lettre flatteuse où il avoue avoir reçu quelque bien du ministre de Louis XVIII. A Paris, les hommes sont des systèmes, en Province les systèmes deviennent des hommes : des hommes à passions incessantes, toujours en présence, s'épiant dans leur intérieur, épiloguant leurs discours, s'observant comme deux duellistes prêts à s'enfoncer six pouces de lame au côté à la moindre distraction, et tâchant de se donner des distractions, enfin occupés à leur haine comme des joueurs sans pitié. Les épigrammes, les calomnies y atteignent l'homme sous prétexte d'atteindre le parti. Dans cette guerre faite courtoisement et sans fiel au Cabinet des Antiques, mais poussée à l'hôtel du Croisier jusqu'à l'emploi des armes empoisonnées des sauvages, la fine raillerie, les avantages de l'esprit étaient du côté des nobles. Or, de toutes les blessures, celles que font la langue et l'œil, la moquerie et le dédain, sont incurables. Le Chevalier, du moment où il se retrancha sur le Mont-Sacré de l'aristocratie, en abandonnant les salons mixtes, dirigea ses bons mots sur le salon de du Croisier, il attisa le feu de la guerre sans savoir jusqu'où l'esprit de vengeance pouvait mener le salon de du Croisier contre le Cabinet des Antiques. Il n'entrait que des purs à l'hôtel d'Esgrignon, de loyaux gentilshommes et des femmes sûres les unes des autres; il ne s'y commettait aucune indiscrétion : les discours, les idées bonnes ou mauvaises, justes ou fausses, belles ou ridicules, ne donnaient point prise à la plaisanterie; il fallait s'attaquer à leurs actions politiques pour ridiculiser les nobles; tandis que les intermédiaires, les gens administratifs, tous ceux qui courtisaient ces hautes puissances, leur rapportaient de l'autre camp des faits et des propos qui prêtaient beaucoup à rire. Cette infériorité vivement sentie redoublait encore chez les adhérens de du Croisier leur soif de vengeance. En 1822, du Croisier était à la tête de l'industrie du département, comme le marquis d'Esgrignon était à la tête de la noblesse; ainsi chacun d'eux représentait un parti. Au lieu de se dire sans feintise homme de la gauche pure, du Croisier avait ostensiblement adopté les opinions que formulèrent un jour les 221. Il pouvait ainsi réunir chez lui les magistrats, l'administration et la finance du département. Le salon de du Croisier, puissance au moins égale à celle du Cabinet des Antiques, plus nombreux, plus jeune, plus actif, remuait le département, tandis que l'autre demeurait tranquille et comme annexé au pouvoir que son parti gêna souvent, car il en favorisa les fautes, il en exigea même quelques-unes qui furent fatales à la Monarchie. Les Libéraux, qui n'avaient jamais pu faire élire un de leurs candidats dans ce département rebelle à leurs commandemens, savaient qu'après sa nomination du Croisier siégerait au centre gauche le plus près possible de la gauche pure : ses correspondans à Paris étaient les frères Keller, banquiers, dont l'un brillait parmi les dix-neuf de la Gauche, phalange illustrée par tous les journaux libéraux. Ainsi l'Opposition constitutionnelle était toujours prête à reporter au dernier moment ses voix visiblement accordées à un candidat postiche, sur du Croisier, s'il gagnait assez de voix royalistes pour obtenir la majorité. Chaque élection où les royalistes repoussaient du Croisier, candidat royaliste constitutionnel, dont la conduite était admirablement devinée, analysée, jugée par les sommités royalistes qui relevaient du marquis d'Esgrignon, augmentait encore la haine de l'homme et de son parti : ce qui anime le plus les factions les unes contre les autres, est l'inutilité d'un piége péniblement tendu.

En 1822, les hostilités, fort vives durant les quatre premières années de la Restauration, semblaient assoupies. Le salon de du Croisier et le Cabinet des Antiques, après avoir reconnu l'un et l'autre leur fort et leur faible, attendaient sans doute les effets du hasard, la Providence des partis. Les esprits ordinaires se contentaient de ce calme apparent qui trompait le trône; mais ceux qui vivaient plus intimement avec du Croisier savaient que chez lui comme chez tous les hommes en qui la vie ne réside plus qu'à la tête, la passion de la vengeance est implacable quand surtout elle s'appuye sur l'ambition politique. En ce moment, du Croisier, qui jadis blanchissait et rougissait au nom des d'Esgrignon ou du Chevalier, qui tressaillait en prononçant ou entendant prononcer le mot de Cabinet des Antiques, affectait la gravité d'un sauvage : il souriait à ses ennemis, haïs, observés d'heure en heure plus profondément. Il semblait avoir pris le parti de vivre tranquillement, comme s'il eût désespéré de la victoire. Un de ceux qui partageaient cette rage froidie, était le président du tribunal, monsieur du Ronceret, fils d'un hobereau qui avait prétendu aux honneurs du Cabinet des Antiques sans avoir pu les obtenir.

La petite fortune des d'Esgrignon, soigneusement administrée par le notaire Chesnel, suffisait difficilement à l'entretien de la maison où ce digne gentilhomme vivait noblement, mais sans le moindre faste. Quoique le précepteur du comte Victurnien d'Esgrignon, l'espoir de la maison, fût un ancien oratorien donné par Monseigneur l'Evêque, et qu'il habitât l'hôtel, encore lui fallait-il quelques appointemens. Les gages d'une cuisinière, ceux d'une femme de chambre pour mademoiselle Armande, du vieux valet de chambre de monsieur le marquis et de deux autres domestiques, la nourriture de quatre maîtres, les frais d'une éducation pour laquelle on ne négligeait rien, absorbaient entièrement les revenus, malgré l'économie de mademoiselle Armande, malgré la sage administration de Chesnel, malgré l'affection des domestiques. Le vieux notaire ne pouvait encore faire aucune réparation dans le château dévasté, il attendait la fin des baux pour trouver une augmentation de revenus due soit aux nouvelles méthodes d'agriculture, soit à l'abaissement des valeurs monétaires, et qui allait porter ses fruits à l'expiration de contrats passés en 1809. Le marquis n'était point initié aux détails de ménage ni à l'administration de ses biens; et c'eût été pour lui comme un coup de foudre que la révélation des excessives précautions employées afin de *joindre les deux bouts de l'année*, suivant l'expression des ménagères. Chacun le voyant arrivé bientôt au terme de sa carrière, hésitait à dissiper ses erreurs. La grandeur de la maison d'Esgrignon, à laquelle personne ne pensait dans le Royaume, ni à la Cour, ni dans l'État, et qui, passé les portes de la ville et quelques localités du département, était tout-à-fait inconnue; cette grandeur obscurcie par les troubles revivait aux yeux du marquis et de ses adhérens dans tout son éclat : la maison d'Esgrignon allait reprendre un nouveau degré de splendeur en la personne de Victurnien, au moment où les nobles spoliés rentreraient dans leurs biens, où ce bel héritier pourrait apparaître à la Cour pour entrer au service du Roi, par suite y épouser, comme jadis faisaient les d'Esgrignon, une Montmorency, une Rohan, une de Lorges, une Fesenzac, une Bouillon, enfin une fille qui réunirait toutes les distinctions de la noblesse, de la richesse, de la beauté, de l'esprit et du caractère. Les personnes qui venaient faire leur partie le soir, le Chevalier, les Troisville, les La Roche-Guyon, les Casteran (prononcez Cateran), le duc de Gordon habitués depuis long-temps à considérer le grand marquis comme un immense personnage, l'entretenaient dans ses idées. Il n'y avait rien de mensonger dans cette croyance; elle eût été juste si l'on avait pu effacer les quarante dernières années de l'histoire de France; mais les consécrations les plus respectables, les plus vraies du droit, comme Louis XVIII avait essayé de les inscrire en datant la Charte de la vingt-et-unième année de son règne, n'existent que ratifiées par un consentement universel : il manquait aux d'Esgrignon le fond de la langue politique actuelle, l'argent, ce grand relief de l'aristocratie moderne; il leur manquait aussi la continuation de *l'historique*, cette renommée qui se prend à la Cour aussi bien que sur les champs de bataille, dans les salons de la diplomatie comme à la Tribune, à l'aide d'un livre comme à l'aide d'une aventure, et qui est comme une Sainte-Ampoule versée sur la tête de chaque génération nouvelle. Une famille noble, inactive, oubliée est une fille sotte, laide, pauvre et sage, les quatre points cardinaux du malheur.

Parmi tout ce monde, une seule personne n'épousait point en entier ces illusions; cette personne était l'ancien intendant, le vieux notaire Chesnel. Quoique son dévouement, assez prouvé par cette histoire, fut absolu envers cette grande famille, alors réduite à trois personnes; quoiqu'il acceptât toutes ces idées, qu'il y crût et les trouvât de bon aloi; cet homme avait trop de sens, il faisait trop bien les affaires de la plupart des familles du département pour ne pas suivre l'immense mouvement des esprits, pour ne pas reconnaître le grand changement produit par l'Industrie et par les mœurs modernes. Le notaire voyait la Révolution passée de l'action dévorante de 1793 qui avait armé les hommes, les femmes, les enfans, dressé des échafauds, coupé des têtes et gagné des batailles européennes, à l'action tranquille des idées qui consacraient les événemens : après le défrichement et les semailles, venait la récolte. Pour lui, la Révolution avait composé l'esprit de la génération nouvelle, il en touchait les faits au fond de mille plaies, et les trouvait irrévocablement accomplis. Cette tête de Roi coupée, cette Reine suppliciée, ce partage des biens nobles, constituaient à ses yeux des engagemens qui liaient trop d'intérêts pour que les intéressés en laissassent attaquer les résultats. Chesnel voyait clair. Son fanatisme pour les d'Esgrignon était entier sans être aveugle, et le rendait ainsi bien plus beau. La foi qui fait voir à un jeune moine les anges du paradis est bien inférieure à la puissance du vieux moine qui les lui montre : l'ancien intendant ressemblait au vieux moine, il aurait donné sa vie pour défendre une châsse vermoulue. Chaque fois qu'il essayait d'expliquer, avec mille ménagemens, à son ancien maître *les nouveautés*, en employant tantôt une forme railleuse, tantôt en affectant la surprise ou la douleur, il rencontrait sur les lèvres du marquis le sourire du prophète, et dans son ame la conviction que ces folies passeraient comme toutes les autres. Personne n'a remarqué combien les événemens ont aidé ces nobles champions des ruines à persister dans leurs croyances. Que pouvait répondre Chesnel quand le vieux marquis faisait un geste imposant et disait : Dieu a balayé Buonaparte, ses armées et ses nouveaux grands vassaux, ses trônes et ses vastes conceptions! Dieu nous délivrera du reste.

Chesnel baissait tristement la tête, sans oser répliquer : — Dieu ne voudra pas balayer la France !

Ils étaient beaux tous deux : l'un en se redressant contre le torrent des faits, comme un antique morceau de granit moussu droit dans un abîme alpestre ; l'autre en observant le cours des eaux et pensant à les utiliser. Le bon et vénérable notaire gémissait en remarquant les ravages irréparables que ces croyances faisaient dans l'esprit, les mœurs et les idées du comte Victurnien d'Esgrignon.

Ce jeune héritier idolâtré par sa tante, idolâtré par son père était, dans toute l'acception du mot, un enfant gâté qui justifiait d'ailleurs les illusions paternelles et maternelles, car sa tante était vraiment une mère pour lui. Mais quelque tendre et prévoyante que soit une fille, il lui manquera toujours je ne sais quoi de la maternité. La seconde vue d'une mère ne s'acquiert point. Une tante, aussi chastement unie à son nourrisson que l'était mademoiselle Armande à Victurnien, peut l'aimer autant que l'aimerait la mère, être aussi attentive, aussi bonne, aussi délicate, aussi indulgente qu'une mère; mais elle ne sera pas sévère avec les ménagemens et les à-propos de la mère; mais son cœur n'aura pas ces avertissemens soudains, ces hallucinations inquiètes des mères, chez qui, quoique rompues, les attaches nerveuses ou morales par lesquelles l'enfant tient à elles, vibrent encore, et qui, toujours en communication avec lui, reçoivent les secousses de toute peine, tressaillent à tout bonheur comme à un événement de leur propre vie. Si la Nature a considéré la femme comme un terrain neutre, physiquement parlant, elle ne lui a pas défendu en certains cas de s'identifier complétement à son œuvre : quand la maternité morale se joint à la maternité naturelle, vous voyez alors ces admirables phénomènes, inexpliqués plutôt qu'inexplicables, qui constituent les préférences maternelles. La catastrophe de cette histoire prouve donc encore une fois cette vérité connue : une mère ne se remplace pas. En effet, une mère prévoit le mal, long-temps avant qu'une fille comme mademoiselle Armande ne l'admette quand il est fait : la maternité factice d'une fille comporte des adorations trop aveugles pour qu'elle puisse réprimander un beau garçon.

La pratique de la vie, l'expérience des affaires avait donné au vieux notaire une défiance observatrice et perspicace qui le faisait arriver au pressentiment maternel. Mais il était si peu de chose dans cette maison, surtout depuis l'espèce de disgrâce encourue à propos du mariage projeté par lui entre une d'Esgrignon et du Croisier, car dès-lors il s'était promis de suivre aveuglément les doctrines de la famille. Simple soldat, fidèle à son poste et prêt à mourir, son avis ne pouvait jamais être écouté même au fort de l'orage; à moins que le hasard ne le plaçât, comme dans l'Antiquaire le mendiant du Roi au bord de la mer, quand le lord et sa fille y sont surpris par la marée. Du Croisier avait aperçu la possibilité d'une horrible vengeance dans les contresens de l'éducation donnée à ce jeune noble; il espérait, suivant une belle expression de l'auteur qui vient d'être cité, noyer l'agneau dans le lait de sa mère. Cette espérance lui avait inspiré sa résignation taciturne et mis sur les lèvres son sourire de sauvage.

CHAPITRE II.

UNE MAUVAISE ÉDUCATION.

Le dogme de sa suprématie universelle fut inculqué au comte Victurnien dès qu'une idée put lui entrer dans la cervelle. Hors le Roi, tous les seigneurs du royaume étaient ses égaux; au-dessous de la noblesse, il n'y avait pour lui que des inférieurs, des gens avec lesquels il n'avait rien de commun, envers lesquels il n'était tenu à rien, des ennemis vaincus, conquis, dont il ne fallait faire aucun compte, dont les opinions devaient être indifférentes à un gentilhomme, et qui tous lui devaient du respect. Ces opinions, Victurnien les poussa malheureusement à l'extrême, excité par la logique rigoureuse qui conduit les enfans et les jeunes gens aux dernières conséquences du bien comme du mal. Il fut d'ailleurs confirmé dans ses croyances par ses avantages extérieurs. Enfant d'une beauté merveilleuse, il devint le jeune homme le plus accompli qu'un père puisse désirer pour fils. De taille moyenne, mais bien fait, il était mince, délicat en apparence, mais musculeux; il avait les yeux bleus étincelans des d'Esgrignon, leur nez courbé, finement modelé, l'ovale parfait de leur visage, leurs cheveux blonds cendrés, leur blancheur de teint, leur élégante démarche, leurs extrémités gracieuses, des doigts effilés et retroussés, la distinction de ces attaches du pied et du poignet, lignes heureuses et déliées qui indiquent la race chez les hommes comme chez les chevaux. Puis il était adroit, leste à tous les exercices du corps, il tirait admirablement le pistolet, faisait des armes comme un Saint-George, montait à cheval comme un paladin; il avait de la grace dans ses mouvemens. Il flattait enfin toutes les vanités qu'apportent les parens à l'extérieur de leurs enfans, et qui sont fondées sur une idée juste : sur l'influence excessive de la beauté, privilége semblable à celui de la noblesse, qui ne se peut acquérir et qui partout est reconnu, qui vaut souvent plus que la fortune et que le talent, qui n'a besoin que d'être montré pour triompher et à qui on ne demande que d'exister. Mais outre ces deux grands priviléges, la noblesse et la beauté, le hasard avait doué Victurnien d'Esgrignon d'un esprit vif, ardent, d'une merveilleuse aptitude à tout comprendre, d'une belle mémoire. Son instruction avait été dès-lors parfaite. Il était beaucoup plus savant que ne le sont ordinairement les jeunes nobles de province qui deviennent des chasseurs, des fumeurs et des propriétaires très distingués, mais qui traitent assez cavalièrement les sciences et les lettres, les arts et la poésie, tous les talens dont la supériorité les offusque. Ces dons de nature et cette éducation devaient suffire à réaliser un jour les ambitions du marquis d'Esgrignon : il voyait son fils maréchal de France, si Victurnien voulait être militaire : ambassadeur, si la diplomatie le tentait ; ministre, si l'administration lui souriait ; tout lui appartenait dans l'Etat. Enfin, pensée flatteuse pour un père : le comte n'eût pas été un d'Esgrignon, il eût percé par son propre mérite. Cette heureuse enfance, cette adolescence dorée n'avait jamais rencontré d'opposition à ses désirs. Victurnien était le roi du logis, personne n'y briguait les volontés de ce petit prince, qui naturellement était devenu égoïste comme un prince, entier comme le plus fougueux cardinal du moyen-âge, impertinent et audacieux, vices que chacun divinisait en y voyant les qualités essentielles au noble.

Le Chevalier, un homme de ce bon temps où les mousquetaires gris désolaient les théâtres de Paris, rossaient le guet et les huissiers, faisaient mille tours de page et trouvaient un sourire sur les lèvres du Roi, pourvu que les choses fussent drôles; ce charmant séducteur, ancien héros de ruelles, contribua beaucoup au malheureux dénoûment de cette histoire. Cet aimable vieillard, qui ne trouvait personne pour le comprendre, fut très heureux de rencontrer cette adorable figure de Faublas en herbe qui lui rappelait sa jeunesse. Sans apprécier la différence des temps, il jeta les principes des roués encyclopédistes dans cette jeune ame, en narrant les anecdotes du règne de Louis XV, en glorifiant les mœurs de 1750, racontant les orgies des petites maisons, et les folies faites pour les courtisanes, et les excellens tours joués aux créanciers, enfin toute la morale qui a défrayé le comique de Dancourt et l'épigramme de Beaumarchais. Malheureusement cette corruption était cachée sous une excessive élégance, et parée d'un esprit voltairien. Si le Chevalier allait trop loin parfois, il mettait comme correctif les lois de la bonne compagnie auxquelles un gentilhomme doit toujours obéir. Victurnien ne comprenait de tous ces discours que ce qui flattait ses passions. Il voyait d'ailleurs son vieux père riant de compagnie avec le Chevalier. Les deux vieillards regardaient l'orgueil inné d'un d'Esgrignon comme une barrière assez forte contre toutes les choses inconvenantes, car personne au logis n'imaginait qu'un d'Esgrignon pût s'en permettre de contraires à l'honneur. L'HONNEUR, ce grand principe monarchique, était planté dans tous les cœurs de cette famille comme un phare ; il éclairait les moindres actions, il animait les moindres pensées des d'Esgrignon. Ce bel enseignement qui seul aurait dû faire subsister la noblesse : « un d'Esgrignon ne doit pas se permettre telle ou telle chose, il a un nom qui rend l'avenir solidaire du passé , » était comme un refrain avec lequel le vieux marquis, mademoiselle Armande, Chesnel et les habitués de l'hôtel avaient bercé l'enfance de Victurnien. Ainsi, le bon et le mauvais se trouvaient en présence et en forces égales dans cette jeune ame.

Quand Victurnien eut dix-huit ans, qu'il se produisit dans la ville, il remarqua dans le monde extérieur de légères oppositions avec le monde intérieur de l'hôtel d'Esgrignon, mais il n'en chercha point les causes : les causes étaient à Paris. Il ne savait pas encore que les personnes si hardies en pensée et en discours le soir chez son père, et qui n'y cachaient rien ni de leurs espérances, ni de leurs croyances, étaient réservées et circonspectes en présence des gens en qui elles voyaient des ennemis, mais avec lesquels elles étaient obligées parfois de frayer à cause de leurs intérêts. Son père avait conquis son franc parler : personne ne songeait à contredire un vieillard de soixante-dix ans; d'ailleurs tout le monde passait volontiers, à un homme aussi violemment dépouillé, sa fidélité à l'ancien ordre de choses : on respectait toujours en lui la majesté des ruines. Trompé par les apparences, Victurnien se conduisit de manière à se mettre à dos toute la bourgeoisie de la ville, il eut à la chasse des difficultés, poussées un peu trop loin par son impétuosité, qui se terminèrent par des procès graves, étouffés à prix d'argent par Chesnel, et dont on n'osait parler au marquis. Jugez de son étonnement, quand le marquis d'Esgrignon aurait appris que son fils était poursuivi pour avoir chassé sur ses terres, dans ses domaines, dans ses forêts, sous le règne d'un fils de Saint-Louis ! On craignait trop ce qui pouvait s'en suivre pour l'initier à ces misères, disait Chesnel. Le jeune comte se permit en ville quelques autres escapades, traitées d'amourettes par le Chevalier, mais qui finirent par coûter à Chesnel des dots données à de jeunes filles séduites par d'imprudentes promesses de mariage : autres procès, nommés dans le Code, *détournemens de mineures* et qui, par suite de la brutalité de la nouvelle justice, eussent conduit on ne sait où le jeune comte, sans la prudente intervention de Chesnel. Ces victoires sur la justice bourgeoise, enhardissaient Victurnien. Habitué à se tirer de ces mauvais pas, le jeune comte ne reculait point devant une plaisanterie, il regardait les tribunaux comme des épouvantails à peuple qui n'avaient point prise sur lui. Ce qu'il eût blâmé chez tout autre, était un excusable amusement pour lui. Cette conduite, ce caractère, cette pente à mépriser les lois nouvelles pour n'obéir qu'aux maximes du code noble, furent étudiés, analysés, éprouvés par quelques personnes habiles appartenant au parti du Croisier, et qui s'en appuyaient pour faire croire au peuple que les calomnies du libéralisme n'étaient que des médisances, et que le retour à l'ancien ordre de choses, dans toute sa pureté, se trouvait au fond de la politique ministérielle. Quel bonheur, pour eux, d'avoir une semi-preuve de leurs assertions! Le président du Ronceret se prêtait admirablement, aussi bien que le procureur du Roi, à toutes les conditions compatibles avec les devoirs de la magistrature; il s'y prêtait même par calcul au-delà des bornes, heureux de faire crier le parti libéral à propos d'une concession trop large : il excitait ainsi les passions contre la maison d'Esgrignon en paraissant la servir. Ce traître avait l'arrière-pensée de se montrer incorruptible à temps, quand il serait appuyé sur un fait grave, et soutenu par l'opinion publique. Les mauvaises dispositions du comte furent perfidement encouragées par deux ou trois jeunes gens de ceux qui lui composèrent une suite, qui captèrent ses bonnes graces en lui faisant la cour, qui le flattèrent et obéirent à ses idées en essayant de confirmer sa croyance dans la suprématie du noble, à une époque où le noble n'aurait pu conserver son pouvoir qu'en usant pendant un demi-siècle d'une prudence extrême. Du Croisier espérait réduire les d'Esgrignon à la dernière misère, voir leur château abattu, leurs terres mises à l'enchère et vendues en détail, par suite de leur faiblesse pour ce jeune étourdi dont les folies devaient tout compromettre. Il n'allait pas plus loin, il ne croyait pas comme le président du Ronceret, que Victurnien donnerait autrement prise à la justice. La vengeance de ces deux hommes était d'ailleurs bien secondée par l'excessif amour-propre de Victurnien et par son amour pour le plaisir. Le fils du président du Ronceret, jeune homme de dix-sept ans, à qui le rôle d'agent provocateur allait à merveille, était un des compagnons et le plus perfide courtisan du comte. Du Croisier soldait cet espion d'un nouveau genre, le dressait admirablement à la chasse des vertus de ce noble et bel enfant; il le dirigeait moqueusement dans l'art de stimuler les mauvaises dispositions de sa proie. Félicien du Ronceret était précisément une nature envieuse et spirituelle, un jeune sophiste à qui souriait une semblable mystification, et qui y trouvait ce haut amusement qui manque en province aux gens d'esprit.

De dix-huit à vingt-un ans, Victurnien coûta près de quatre-vingt mille francs au pauvre notaire, sans que ni mademoiselle Armande, ni le marquis en fussent informés. Les procès étouffés entraient pour plus de moitié dans cette somme, et les profusions du jeune homme avaient employé le reste. En effet, des dix mille livres de rente du marquis, cinq mille étaient nécessaires à la tenue de la maison ; l'entretien de mademoiselle Armande, quelque parcimonie qu'elle apportât à ses dépenses personnelles, celui du marquis employaient plus de deux mille francs, la pension du bel héritier présomptif n'allait donc pas à cent louis. Qu'étaient deux mille francs, pour paraître convenablement? La toilette seule emportait cette rente. Victurnien faisait venir son linge, ses habits, ses gants, sa parfumerie de Paris. Victurnien avait voulu un joli cheval anglais à monter, un cheval de tilbury et un tilbury, parce que monsieur du Croisier, avait un cheval anglais et un tilbury. La noblesse devait-elle se laisser écraser par la bourgeoisie ? Puis le jeune comte avait voulu un groom à la livrée de sa maison. Flatté de donner le ton à la ville, au département, à la jeunesse, il était entré dans le monde des fantaisies et du luxe qui vont si bien aux jeunes gens beaux et spirituels. Chesnel fournissait à tout, non sans user, comme les anciens parlemens, du droit de remontrance, mais avec une douceur angélique.

— Quel dommage qu'un aussi bonhomme soit aussi ennuyeux, se disait Victurnien, à chaque fois que le notaire appliquait une somme sur quelque plaie saignante.

Veuf et sans enfans, Chesnel avait adopté le fils de son ancien maître au fond de son cœur ; il jouissait de le voir traversant la grande rue de la ville, perché sur le double coussin de son tilbury, fouet en main, une rose à la boutonnière, joli, bien mis, envié par tous. Lorsque dans un besoin pressant, une perte au jeu chez les Troisville, chez le duc de Gordon, à la Préfecture ou chez le receveur-général, Victurnien venait, la voix calme, le regard inquiet, le geste patelin, trouver sa Providence, le vieux notaire, dans une modeste maison de la rue du Bercail, il avait ville-gagnée en se montrant.

— Hé bien! qu'avez-vous, Monsieur le comte, que vous est-il arrivé, demandait le vieillard d'une voix altérée.

Dans les grandes occasions, Victurnien s'asseyait, prenait un air mélancolique et rêveur, il se laissait questionner en faisant des minauderies. Après avoir donné les plus grandes anxiétés au bonhomme, qui commençait à redouter les suites d'une dissipation aussi soutenue, il avouait une peccadille soldée par un billet de mille francs. Chesnel, outre son Etude, possédait environ douze mille livres de rentes : ce fonds n'était pas inépuisable. Les quatre-vingt mille francs dévorés étaient ses économies réservées pour le temps où le marquis enverrait son fils à Paris, ou pour faciliter quelque beau mariage. Clairvoyant quand Victurnien n'était pas là, Chesnel perdait une à une les illusions que caressaient le marquis et sa sœur : en lui reconnaissant un manque total d'esprit de conduite, il désirait marier cet enfant à quelque noble fille, sage et prudente. Il se demandait comment un jeune homme pouvait penser si bien et se conduire si mal, en lui voyant faire le lendemain le contraire de ce qu'il lui avait promis la veille. Mais il n'y a jamais rien de bon à attendre des jeunes gens qui avouent leurs fautes, se repentent, et les recommencent. Les hommes à grands caractères n'avouent leurs fautes qu'à eux-mêmes, ils s'en punissent eux-mêmes : les faibles retombent dans l'ornière, en trouvant le bord trop difficile à côtoyer. Victurnien, chez qui de semblables tuteurs avaient, de concert avec ses compagnons et ses habitudes, assoupli le ressort de l'orgueil secret des grands hommes, était arrivé soudain à la faiblesse des voluptueux, dans le moment de sa vie où, pour s'exercer, sa force aurait eu besoin du régime de contrariétés, et de misères qui forma les princes Eugène, les Frédéric II et les Napoléon. Chesnel apercevait chez Victurnien cette indomptable fureur pour les jouissances qui doit être l'apanage des hommes doués de grandes facultés et qui sentent la nécessité d'en contrebalancer le fatigant exercice par d'égales compensations en plaisirs, mais qui mènent aux abîmes les gens habiles seulement pour les voluptés. Le bonhomme s'épouvantait par momens; mais, par momens aussi, les profondes saillies et l'esprit étendu qui rendaient ce jeune homme si remarquable le rassuraient. Il se disait ce que disait le marquis quand le bruit de quelqu'escapade arrivait à son oreille : il faut que jeunesse se passe! Quand Chesnel se plaignait au Chevalier de la propension du jeune comte à faire des dettes, le Chevalier l'écoutait en massant une prise de tabac d'un air moqueur.

— Expliquez-moi donc ce qu'est la Dette Publique, mon cher Chesnel, lui répondait-il. Hé, diantre! si la France a des dettes, pourquoi Victurnien n'en aurait-il pas? Aujourd'hui comme toujours, les princes ont des dettes, tous les gentilshommes ont des dettes. Voudriez-vous, par hasard, que Victurnien vous apportât des économies? Vous savez ce que fit notre grand Richelieu, non pas le cardinal, c'était un misérable qui tuait la noblesse, mais le maréchal, quand son petit-fils, le prince de Chinon, lui montra qu'il n'avait pas dépensé à l'Université l'argent de ses menus plaisirs.

— Non, Monsieur le chevalier.

— Hé bien! il jeta la bourse par la fenêtre, à un balayeur des cours, en disant à son petit-fils : On ne t'apprend donc pas ici à être prince ?

Chesnel baissait la tête, sans mot dire. Puis le soir, avant de s'endormir, l'honnête vieillard pensait que ces doctrines étaient funestes à une époque où la police correctionnelle existait pour tout le monde : il y voyait en germe la ruine de la grande maison d'Esgrignon.

Sans ces explications qui peignent tout un côté de l'histoire de la vie provinciale sous l'Empire et la Restauration, il eût été difficile de comprendre la scène par laquelle commence cette aventure et qui eut lieu vers la fin du

mois d'octobre de l'année 1822, dans le Cabinet des Antiques, un soir, après le jeu, quand les nobles habitués, les vieilles comtesses, les jeunes marquises, les simples baronnes eurent soldé leurs comptes. Le vieux gentilhomme se promenait de long en long dans son salon, où mademoiselle d'Esgrignon allait éteignant elle-même les bougies aux tables de jeu, il ne se promenait pas seul, il était avec le Chevalier. Ces deux débris du siècle précédent causaient de Victurnien : le Chevalier avait été chargé de faire à son sujet des ouvertures au marquis.

— Oui, Marquis, disait le Chevalier, votre fils perd ici son temps et sa jeunesse, vous devez enfin l'envoyer à la Cour.

— J'ai toujours songé que, si mon grand âge m'interdisait d'aller à la Cour, où, entre nous soit dit, je ne sais pas ce que je ferais en voyant ce qui s'y passe et au milieu des gens nouveaux que reçoit le Roi, j'enverrais du moins mon fils présenter nos hommages à Sa Majesté. Le Roi doit donner quelque chose au comte, quelque chose comme un régiment, un emploi dans sa maison, enfin, le mettre à même de gagner ses éperons. Mon oncle l'archevêque a souffert un cruel martyre, j'ai guerroyé sans déserter le camp comme ceux qui ont cru de leur devoir de suivre les princes : selon moi le Roi était en France, sa noblesse devait l'entourer. Eh bien! personne ne songe à nous, tandis que Henri IV aurait écrit déjà aux d'Esgrignon : *Venez, mes amis! nous avons gagné la partie.* Enfin nous sommes quelque chose de mieux que les Troisville, et voici deux Troisville, nommés pairs de France, un autre est député de la Noblesse (il prenait les grands-colléges électoraux pour les assemblées de son Ordre). Vraiment on ne pense pas plus à nous que si nous n'existions pas! J'attendais le voyage que les princes devaient faire par ici; mais les Princes ne viennent pas à nous, il faut aller à eux...

— Je suis enchanté de savoir que vous pensez, dit habilement le Chevalier, à produire notre cher Victurnien dans le monde, car cette ville est un trou dans lequel il ne doit pas enterrer ses talens. Tout ce qu'il peut y rencontrer c'est *quéque* Normande *ben* sotte, *ben* mal apprise et riche. *Qué qu'il* en ferait?... sa femme! Ah! bon Dieu!

— J'espère bien qu'il ne se mariera qu'après être parvenu à quelque belle charge du royaume ou de la couronne, dit le vieux marquis. Mais il y a des difficultés graves.

Voici les seules difficultés que le marquis apercevait à l'entrée de la carrière pour son fils.

— Mon fils, reprit-il après une pause marquée par un soupir, le comte d'Esgrignon ne peut pas se présenter comme un va-nu-pieds, il faut l'équiper. Hélas! nous n'avons plus, comme il y a deux siècles, nos gentilshommes de suite. Ah! Chevalier, cette démolition de fond en comble, elle me trouve toujours au lendemain du premier coup de marteau donné par monsieur de Mirabeau. Aujourd'hui, il ne s'agit plus que d'avoir de l'argent, c'est tout ce que je vois de clair dans les bienfaits de la Restauration. Le Roi ne vous demande pas si vous descendez des Valois, ou si vous êtes un des conquérans de la Gaule, il vous demande si vous payez mille francs de Tailles. Je ne saurais donc envoyer le comte à la Cour sans quelques vingt mille écus...

— Oui, avec cette bagatelle, il pourra se montrer galamment, dit le Chevalier.

— Hé bien ! dit mademoiselle Armande, j'ai

prié Chesnel de venir ce soir. Croiriez-vous, Chevalier, que, depuis le jour où Chesnel m'a proposé d'épouser ce misérable du Croisier...

— Ah! c'était bien indigne, mademoiselle, s'écria le Chevalier.

— Impardonnable, dit le marquis.

— Hé bien! reprit mademoiselle Armande, mon frère n'a jamais pu se décider à demander quoi que ce soit à Chesnel.

— A votre ancien domestique, reprit le Chevalier? Ah! marquis, mais vous feriez à Chesnel un honneur... un honneur dont il serait reconnaissant jusqu'à son dernier soupir.

— Non, répondit le vieux gentilhomme, je ne trouve pas la chose digne...

— Il s'agit bien de digne, la chose est nécessaire, reprit le Chevalier en faisant un léger haut-le-corps.

— Jamais! s'écria le marquis en ripostant par un geste qui décida le Chevalier à risquer un grand coup pour éclairer le vieillard.

— Hé bien, dit le Chevalier, si vous ne le savez pas, je vous dirai, moi, que Chesnel a déjà donné quelque chose à votre fils, quelque chose comme...

— Mon fils est incapable d'avoir accepté quoi que ce soit de Chesnel, s'écria le vieillard en se redressant et interrompant le Chevalier. Il a pu vous demander à vous, vingt-cinq louis...

— Quelque chose comme cent mille livres, dit le Chevalier en continuant.

— Le comte d'Esgrignon doit cent mille livres à un Chesnel, s'écria le vieillard en donnant les signes d'une profonde douleur. Ah! s'il n'était pas fils unique, il partirait ce soir pour les îles avec un brevet de capitaine!

Devoir à des usuriers avec lesquels on s'acquitte par de gros intérêts, bon! mais Chesnel, un homme auquel on s'attache!

— Oui! notre adorable Victurnien a mangé cent mille livres, mon cher marquis, reprit le Chevalier en secouant les grains de tabac tombés sur son gilet, c'est peu, je le sais. A son âge, moi!... Enfin, laissons nos souvenirs, marquis. Le comte est en province; toute proportion gardée, ce n'est pas mal, il ira loin : je lui vois les dérangemens des hommes qui plus tard accomplissent de grandes choses...

— Et il dort là-haut sans avoir rien dit à son père? s'écria le marquis.

— Il dort avec l'innocence d'un enfant qui n'a encore fait le malheur que de cinq à six petites bourgeoises, répondit le Chevalier.

— Mais il appelle sur lui la lettre de cachet.

— *Ils* ont supprimé les lettres de cachet, dit le Chevalier. Quand on a essayé de créer une justice exceptionnelle, vous savez comme on a crié. Nous n'avons pu maintenir les cours prévôtales que monsieur *de* Buonaparte appelait *Commissions militaires.*

— Hé bien! qu'allons-nous devenir quand nous aurons des enfans fous, ou trop mauvais sujets? dit le marquis, nous ne pourrons donc plus les enfermer.

Le Chevalier regarda le père au désespoir et n'osa lui répondre : — Nous serons forcés de les bien élever...

— Et vous ne m'avez rien dit de cela, mademoiselle d'Esgrignon, reprit le marquis en interpellant sa sœur.

Ces paroles dénotaient toujours une irritation, il l'appelait ordinairement *ma sœur.*

— Mais, monsieur, quand un jeune homme

vif et bouillant reste oisif dans une ville comme celle-ci, que voulez-vous qu'il fasse ? dit mademoiselle d'Esgrignon qui ne comprenait pas la colère de son frère.

— Hé, diantre ! des dettes, reprit le Chevalier, il joue, il a de petites aventures, il chasse, tout cela coûte horriblement aujourd'hui.

— Allons, reprit le marquis, il est temps de l'envoyer au Roi. Je passerai la matinée demain à écrire à nos parens.

— Je connais quelque peu les ducs d'Avaray, de Blacas, les Rivière...

— Mon cher Chevalier, il n'est pas besoin de tant de façons pour présenter un d'Esgrignon à la Cour, dit le marquis en l'interrompant. Cent mille livres, se dit-il, ce Chesnel est bien hardi. Voilà les effets de ces maudits troubles : Mons Chesnel protége mon fils... et il faut que je lui demande... Non. Ma sœur, vous ferez cette affaire. Chesnel prendra ses sûretés sur nos biens pour le tout. Puis lavez la tête à ce jeune étourdi, car il finirait par se ruiner.

Le Chevalier et mademoiselle d'Esgrignon trouvaient simples et naturelles ces paroles, si comiques pour tout autre qui les aurait entendues. Ces deux personnages furent même très émus de l'expression presque douloureuse qui se peignit sur les traits du vieillard. En ce moment, monsieur d'Esgrignon était sous le poids de quelque prévision sinistre : il devinait presque son époque. Il alla s'asseoir sur une bergère, au coin du feu, oubliant Chesnel qui devait venir, et auquel il ne voulait rien demander.

Le marquis d'Esgrignon avait alors la physionomie que les imaginations un peu poétiques lui voudraient. C'était une tête presque chauve, des cheveux d'une éclatante blancheur et soyeux placés à l'arrière de la tête, retombant par mèches plates et lisses bouclées aux extrémités, un beau front plein de noblesse, ce front que l'on admire dans la tête de Louis XV, dans celle de Beaumarchais et dans celle du maréchal de Richelieu, qui n'offre ni l'ampleur carrée du maréchal de Saxe, ni le cercle petit, dur, serré, trop plein de Voltaire; un front gracieusement convexe, finement modelé, à tempes molles et dorées; puis des yeux brillans, pleins de ce courage et de ce feu que l'âge n'abat point; le nez des Condé; enfin cette bouche aimable de laquelle il ne sort que des paroles spirituelles ou bonnes, comme en disait toujours le comte d'Artois; les joues plus en talus que niaisement rondes, le corps sec, les jambes fines et la main potelée. Il avait le cou serré par une cravate mise comme celle des marquis représentés dans toutes les gravures qui ornent les ouvrages du dernier siècle, et que vous voyez à Saint-Preux comme à Lovelace, aux héros du bourgeois Diderot comme à ceux de l'élégant Montesquieu. (Voir les premières éditions des *Lettres Persannes*.) Le marquis portait toujours un grand gilet blanc brodé d'or, sur lequel brillait le ruban de commandeur de Saint-Louis; un habit bleu à grandes basques, à pans retroussés et fleurdelysés, singulier costume qu'avait adopté le Roi; mais le marquis n'avait point abandonné la culotte française, ni les bas de soie blancs, ni les boucles; dès six heures du soir, il était dans sa tenue. Ce vieux noble ne lisait que *la Quotidienne* et *la Gazette de France*, deux journaux que les feuilles constitutionnelles accusaient d'obscurantisme, de mille énormités monarchiques et religieuses, et que le marquis, lui, trouvait pleines d'hérésies et d'idées révolutionnaires. Quelque exagérés que soient les organes d'une opinion, ils sont toujours au-dessous des purs de leur parti; de même que le peintre de ce magnifique personnage sera certes taxé d'avoir outrepassé le vrai, tandis qu'il adoucit quelques tons trop crus, éteint des parties trop ardentes chez son modèle.

Le marquis d'Esgrignon avait mis ses coudes sur ses genoux, et se tenait la tête dans ses mains. Pendant tout le temps qu'il médita, mademoiselle Armande et le Chevalier se regardèrent sans se communiquer leurs idées. Le marquis souffrait-il de devoir l'avenir de son fils à son ancien intendant? Doutait-il de l'accueil qu'on ferait au jeune comte? Regrettait-il de n'avoir rien préparé pour son entrée dans le monde brillant de la Cour, en demeurant au fond de sa province où l'avait retenu sa pauvreté, car comment aurait-il paru à la Cour? Il soupira fortement en relevant la tête. Ce soupir était un de ceux que rendait alors la véritable et loyale aristocratie, celle des gentilshommes de province, alors si négligés, comme la plupart de ceux qui avaient saisi leur épée et résisté pendant l'orage.

— Qu'a-t-on fait pour les Montauran, pour les Ferdinand qui sont morts ou qui ne se sont jamais soumis ? se dit-il à voix basse. Et à ceux qui ont lutté le plus courageusement, on a donné de misérables pensions, quelque lieutenance de Roi dans une forteresse à la frontière.

Evidemment il doutait. Mademoiselle d'Esgrignon essayait de rassurer son frère sur l'avenir de ce voyage, quand on entendit sur le petit pavé sec de la rue, le long des fenêtres du salon, un pas qui annonçait Chesnel. Le notaire se montra bientôt à la porte que Joséphin, le vieux valet de chambre du comte, ouvrit sans annoncer.

— Chesnel, mon garçon...

Le notaire avait soixante-neuf ans, une tête

chenue, un visage carré, vénérable, des culottes d'une ampleur qui eussent mérité de Sterne une description épique; des bas drapés, des souliers à agrafes d'argent, un habit en façon de chasuble, et un grand gilet de tuteur.

—..... Tu as été bien outrecuidant de prêter de l'argent au comte d'Esgrignon? tu mériterais que je te le rendisse à l'instant et que nous ne te vissions jamais, car tu as donné des aîles à ses vices.

Il y eut un moment de silence comme à la Cour quand le Roi réprimande publiquement un courtisan. Le vieux notaire avait une attitude humble et contrite.

— Chesnel, cet enfant m'inquiète, reprit le marquis avec bonté, je veux l'envoyer à Paris, pour y servir le Roi. Tu t'entendras avec ma sœur pour qu'il y paraisse convenablement... Nous réglerons nos comptes...

Le marquis se retira gravement, en saluant Chesnel par un geste familier.

— Je remercie monsieur le marquis de ses bontés, dit le vieillard qui restait debout.

Mademoiselle Armande se leva pour accompagner son frère; elle avait sonné, le valet de chambre était à la porte, un flambeau à la main, pour aller coucher son maître.

— Asseyez-vous, Chesnel, dit la vieille fille en revenant.

Par ses délicatesses de femme, mademoiselle Armande ôtait toute rudesse au commerce du marquis avec son ancien intendant; quoique sous cette rudesse, Chesnel devinât une affection magnifique. L'attachement du marquis pour son ancien domestique constituait une passion semblable à celle que le maître a pour son chien, et qui le porterait à se battre avec qui donnerait un coup de pied à sa bête:

il la regarde comme une partie intégrante de son existence, comme une chose qui sans être tout-à-fait lui, le représente dans ce qu'il a de plus cher, les sentimens.

— Il était temps de faire quitter cette ville à monsieur le comte, mademoiselle, dit sententieusement le notaire.

— Oui, répondit-elle. S'est-il permis quelque nouvelle escapade?

— Non, mademoiselle.

— Eh bien! pourquoi l'accusez-vous?

— Mademoiselle, je ne l'accuse pas... Non, je ne l'accuse pas! Je suis bien loin de l'accuser. Je ne l'accuserai même jamais, quoi qu'il fasse!

La conversation tomba. Le Chevalier, être éminemment compréhensif, se mit à bâiller comme un homme talonné par le sommeil; il s'excusa gracieusement de quitter le salon et sortit ayant envie de dormir autant que de s'aller noyer : le démon de la curiosité lui écarquillait les yeux, et de sa main délicate ôtait le coton que le Chevalier avait dans les oreilles.

— Hé bien! Chesnel, y a-t-il quelque chose de nouveau? dit mademoiselle Armande inquiète.

— Oui, reprit Chesnel, il s'agit de ces choses dont il est impossible de parler à monsieur le marquis : il tomberait foudroyé par une apoplexie.

— Dites donc, reprit-elle en penchant sa belle tête sur le dos de sa bergère, et laissant aller ses bras le long de sa taille, comme une personne qui attend le coup de la mort sans se défendre.

— Mademoiselle, monsieur le comte, qui a

tant d'esprit, est le jouet de petites gens en train d'épier une grande vengeance : ils nous voudraient ruinés, humiliés! Le président du tribunal, le sieur du Ronceret a, comme vous savez, les plus hautes prétentions nobiliaires...

— Son grand-père était procureur, dit mademoiselle Armande.

— Je le sais, dit le notaire. Aussi ne l'avez-vous pas reçu chez vous; il ne va pas non plus chez messieurs de Troisville, ni chez le duc de Gordon, ni chez le marquis de Casteran, il est un des piliers du salon du Croisier... Monsieur Félicien du Ronceret, avec qui votre neveu, peut frayer sans trop se compromettre (il lui faut des compagnons), eh bien! ce jeune homme est le conseiller de toutes ses folies, lui et deux ou trois autres qui sont du parti de votre ennemi, de l'ennemi de monsieur le Chevalier, de celui qui ne respire que vengeance contre vous et contre toute la noblesse; ils espèrent vous ruiner par votre neveu, le voir tomber dans la boue. Cette conspiration est menée par ce sycophante qui fait le royaliste; sa pauvre femme ignore tout, vous la connaissez, je l'aurais su plus tôt si elle avait des oreilles pour entendre le mal. Pendant quelque temps, ces jeunes fous n'étaient pas dans le secret, ils n'y mettaient personne; mais, à force de rire, les meneurs se sont compromis, les niais ont compris; et depuis les dernières aventures du comte, ils se sont échappés à dire quelques mots quand ils étaient ivres. Ces mots m'ont été rapportés par des personnes chagrines de voir un si beau, un si noble et si charmant jeune homme se perdre ainsi. Dans ce moment, on le plaint, dans quelques jours il sera... je n'ose...

— Méprisé, dites, dites Chesnel! s'écria douloureusement mademoiselle Armande.

— Hélas! Comment voulez-vous empêcher

les meilleurs gens de la ville, qui ne savent que faire du matin jusqu'au soir, de contrôler les actions de leur prochain ? Ainsi, les pertes de monsieur le comte au jeu, ont été calculées. Voilà, depuis deux mois, trente mille francs d'envolés! chacun se demande où il les prend. Quand on en parle devant moi, je vous les rappelle à l'ordre! Ah! mais!.... Croyez-vous, leur disais-je, ce matin, si l'on a pris les droits utiles et les terres de la maison d'Esgrignon, qu'on ait mis la main sur les trésors ? Le jeune comte a le droit de se conduire à sa guise, et tant qu'il ne ne vous devra pas un sou, vous n'avez pas à dire un mot.

Mademoiselle Armande tendit sa main sur laquelle le vieux notaire mit un respectueux baiser.

— Bon Chesnel ! Mon ami, comment nous trouverez-vous des fonds pour ce voyage?

Victurnien ne peut aller à la Cour sans s'y tenir à son rang.

— Oh! mademoiselle, j'ai emprunté sur le Jard.

— Comment, vous n'aviez plus rien? Mon Dieu! s'écria-t-elle, comment ferons-nous pour vous récompenser?

— En acceptant les cent mille francs que je tiens à votre disposition. Vous comprenez que l'emprunt a été secrètement mené pour ne pas vous déconsidérer; car, aux yeux de la ville, je fais partie de la maison d'Esgrignon.

Quelques larmes vinrent aux yeux de mademoiselle Armande, et Chesnel, les voyant, prit un pli de la robe de cette noble fille et le baisa.

— Ce ne sera rien, reprit-il, il faut que les jeunes gens jettent leur gourme. Le Commerce des beaux salons de Paris changera le cours des idées du jeune homme. Et ici, vraiment vos vieux amis sont les plus nobles cœurs, les plus dignes personnes du monde, mais ils ne sont pas amusans. Monsieur le comte pour se désennuyer est obligé de descendre, et il finirait par s'encanailler.

Le lendemain, la vieille voiture de voyage de la maison d'Esgrignon vit le jour, et fut envoyée chez le sellier pour être mise en état. Le jeune comte fut solennellement averti par son père, après le déjeûner, des intentions formées à son égard : il irait à la Cour demander du service au Roi; en voyageant, il devait se déterminer pour une carrière quelconque. La marine ou l'armée de terre, les ministères ou les ambassades, la maison du Roi ; il n'avait qu'à choisir, tout lui serait ouvert. Le Roi saurait sans doute gré aux d'Esgrignon de ne lui avoir rien demandé, d'avoir réservé les faveurs du trône pour l'héritier de la maison.

Depuis ses folies, le jeune d'Esgrignon avait entrevu le monde vrai. Il s'agissait pour lui de quitter la province et la maison paternelle ; il écouta donc gravement ce que son respectable père lui disait, sans lui répondre que l'on n'entrait ni dans la marine ni dans l'armée comme jadis, que pour devenir sous-lieutenant de cavalerie, sans passer par les écoles spéciales, il fallait servir dans les pages ; que les fils des familles les plus illustres, allaient à Saint-Cyr et à l'École Polytechnique, ni plus ni moins que les fils de roturiers, après des concours publics où les gentilshommes couraient la chance d'avoir le dessous avec les roturiers. En éclairant son père, il pouvait ne pas avoir les fonds nécessaires pour un séjour à Paris ; il laissa donc croire au marquis et à sa tante Armande qu'il aurait à monter dans les carrosses du Roi, à paraître au rang que s'attribuaient les d'Esgrignon au temps actuel, et à frayer avec les plus grands seigneurs. Marri de ne donner à son fils qu'un domestique pour l'accompagner, le marquis lui offrit son vieux valet Josephin, un homme de confiance qui aurait soin de lui, qui veillerait fidèlement à ses affaires, et dont le pauvre père se défaisait, espérant le remplacer auprès de lui par un jeune domestique.

— Souvenez-vous, mon fils, lui dit-il, que vous êtes un Carol, que votre sang est un sang pur de toute mésalliance, que votre écusson est sans tache, qu'il vous permet d'aller partout la tête haute, et de prétendre à des reines. Rendez grace à votre père, comme moi je fis au mien : nous devons à l'honneur de nos ancêtres, saintement conservé, de pouvoir regarder tout en face, et de n'avoir à plier le genou que devant une maîtresse ou le Roi et Dieu. Voilà le plus grand de vos privilèges!

Le bon Chesnel avait assisté au déjeûner, il ne s'était pas mêlé des recommandations héraldiques, ni des lettres aux puissances du jour ; mais il avait passé la nuit à écrire à l'un de ses vieux amis, un des plus anciens notaires de Paris. La paternité factice et réelle que Chesnel portait à Victurnien serait incomprise, si l'on omettait de donner cette lettre, comparable peut-être au discours de Dédale à Icare. Ne faut-il pas remonter jusqu'à la mythologie pour trouver des comparaisons dignes de cet homme antique.

« Mon cher et respectable Sorbier,

» Je me souviens, avec délices, d'avoir fait
» mes premières armes dans notre honorable
» carrière chez ton père, où tu m'as aimé,

» pauvre petit clerc que j'étais. C'est à ces » souvenirs de cléricature, si doux à nos » cœurs, que je m'adresse pour réclamer de toi » le seul service que je t'aurai demandé dans le » cours de notre longue vie, traversée par ces ca- » tastrophes politiques auxquelles j'ai dû peut- » être l'honneur de devenir ton collègue. Ce » service, je te le demande, mon ami, sur le » bord de la tombe, au nom de mes cheveux » blancs, qui tomberaient de douleur, si tu » n'obtempérais pas à mes prières. Sorbier, » il ne s'agit ni de moi, ni des miens. J'ai » perdu la pauvre madame Chesnel et n'ai » pas d'enfans. Hélas! il s'agit de plus que » ma famille, si j'en avais une; il s'agit du » fils unique de monsieur le marquis d'Esgri- » gnon, dont j'ai eu l'honneur d'être l'inten- » dant au sortir de l'Étude où son père m'avait » envoyé, à ses frais, dans l'intention de me faire » faire fortune. Cette maison où j'ai été nourri, a

» subi tous les malheurs de la Révolution. J'ai pu » lui sauver quelque bien, mais qu'est-ce en com- » paraison de l'opulence éteinte ? Sorbier, je ne » saurais te dire à quel point je suis attaché à » cette grande maison que j'ai vue près de » cheoir dans l'abîme des temps : la proscrip- » tion, la confiscation, la vieillesse et point » d'enfant ! Que de malheurs ! Monsieur le mar- » quis s'est marié, sa femme est morte en » couches du jeune comte, il ne reste aujour- » d'hui de bien vivant que ce noble, cher et » précieux enfant. Les destinées de cette maison » résident en ce jeune homme, il a fait quel- » ques dettes en s'amusant ici, car, que de- » venir en province avec cent misérables louis ? » Oui, mon ami, cent louis, voilà où en est » la maison d'Esgrignon. Dans cette extrémité, » son père a senti la nécessité de l'envoyer à » Paris y réclamer à la cour la faveur du Roi. » Paris est un lieu bien dangereux pour la jeu-

» nesse. Il faut la dose de raison qui nous fait
» notaires pour y vivre sagement. Je serais
» d'ailleurs au désespoir de savoir ce pauvre
» enfant vivant des privations que nous avons
» connues. Te souviens-tu du plaisir avec le-
» quel tu as partagé mon petit pain, au par-
» terre du Théâtre-Français, quand nous y
» sommes restés un jour et une nuit pour voir
» la représentation du *Mariage de Figaro?*
» aveugles que nous étions ! Nous étions
» heureux et pauvres, mais un noble ne sau-
» rait être heureux dans l'indigence; car l'in-
» digence d'un noble est une chose contre na-
» ture. Ah ! Sorbier, quand on a eu le bon-
» heur d'avoir, de sa main, arrêté dans sa chute
» l'un des plus beaux arbres généalogiques du
» royaume, il est si naturel de s'y attacher, de
» l'aimer, de l'arroser, de vouloir le voir re-
» fleuri, que tu ne t'étonneras point des pré-
» cautions que je prends, et de m'entendre ré-

» clamer le concours de tes lumières pour faire » arriver à bien notre jeune homme. La maison » d'Esgrignon a destiné la somme de cent » mille francs aux frais du voyage entrepris par » monsieur le comte. Tu le verras, il n'y a pas » à Paris de jeune homme qui puisse lui être » comparé! Tu t'intéresseras à lui comme à » un fils unique. Enfin, je suis certain que » madame Sorbier, oui, madame Sorbier, n'hé- » sitera pas à te seconder dans la tutelle mo- » rale dont je t'investis. La pension de mon- » sieur le comte Victurnien est fixée à trois » mille francs par mois; mais tu commence- » ras par lui en remettre dix mille pour ses » premiers frais. Ainsi, la famille a pourvu à » deux ans de séjour, hors le cas d'un voyage » à l'étranger, et pour lequel nous verrions alors » à prendre d'autres mesures. Associe-toi, » mon vieil ami, à cette œuvre, et tiens les » cordons de la bourse un peu serrés. Sans ad-

» monester monsieur le comte, soumets-lui des
» considérations, retiens-le autant que tu pour-
» ras, et fais en sorte qu'il n'anticipe point
» d'un mois sur l'autre, sans de valables rai-
» sons, car il ne faudrait pas le désespérer
» dans une circonstance où l'honneur serait
» engagé. Informe-toi de ses démarches, de ce
» qu'il fait, des gens qu'il fréquentera ; sur-
» veille ses liaisons. Monsieur le chevalier m'a
» dit qu'une danseuse de l'Opéra coûtait sou-
» vent moins cher qu'une femme de la Cour.
» Prends des informations sur ce point, et re-
» tourne-moi ta réponse. Madame Sorbier
» pourrait, si tu es trop occupé, savoir ce que
» deviendra le jeune homme, où il ira. Peut-
» être l'idée de se faire l'ange gardien d'un
» aussi charmant et aussi noble jeune homme
» lui sourira-t-elle! Dieu lui saurait gré d'a-
» voir accepté cette sainte mission. Son cœur
» tressaillera peut-être en apprenant combien

» monsieur le comte Victurnien court de dan-
» gers dans Paris ; vous le verrez : il est aussi
» beau que jeune, aussi spirituel que confiant.
» S'il se liait à quelque mauvaise femme, ma-
» dame Sorbier pourrait mieux que toi l'aver-
» tir de tous les dangers qu'il courrait. Il est
» accompagné d'un vieux domestique qui
» pourra te dire bien des choses : sonde Jose-
» phin, à qui j'ai dit de te consulter dans les
» conjonctures délicates. Mais pourquoi t'en
» dirais-je davantage ? nous avons été clercs
» et malins, rappelle-toi nos escapades, et
» aies pour cette affaire quelques retours de
» jeunesse, mon vieil ami. Les cent mille
» francs te seront remis en un bon sur le tré-
» sor, par un monsieur de notre ville, qui se
» rend à Paris, etc. »

Si le vieux couple eût suivi les instructions de Chesnel, il eût été obligé de payer trois espions pour surveiller le comte d'Esgrignon. Cependant il y avait dans le choix du dépositaire une ample sagesse. Un banquier donne des fonds, tant qu'il en a dans sa caisse, à celui qui se trouve crédité chez lui, tandis qu'à chaque besoin d'argent le jeune comte serait obligé d'aller faire une visite au notaire qui, certes, userait du droit de remontrance. Victurnien pensa trahir sa joie en apprenant qu'il aurait trois mille francs par mois : il ne savait rien de Paris, il croyait pouvoir y mener un train de Prince.

Le jeune comte partit le surlendemain accompagné des bénédictions de tous les habitués du Cabinet des Antiques, embrassé par les douairières, comblé de vœux, suivi hors de la ville par son vieux père, par sa sœur et par Chesnel, qui, tous trois, avaient les yeux pleins de larmes. Ce départ subit défraya pendant plusieurs soirées les entretiens de la ville, il remua surtout les cœurs haineux du salon de du Croisier. Après avoir juré la perte des d'Esgrignon, l'ancien fournisseur, le président et leurs adhérens, voyaient leur proie s'échapper : leur vengeance était fondée sur les vices de cet étourdi, désormais hors de leur portée.

CHAPITRE III.

DÉBUT DE VICTURNIEN.

Une pente naturelle à l'esprit humain, qui fait souvent une débauchée de la fille d'une dévote, une dévote de la fille d'une femme légère, la loi des Contraires, qui sans doute est *la résultante* de la loi des Similaires, entraînait Victurnien vers Paris par un désir auquel il aurait succombé tôt ou tard. Élevé dans une vieille maison de province, entouré de figures douces et tranquilles qui lui souriaient, de gens graves affectionnés à leurs maîtres et en harmonie avec les couleurs antiques de cette demeure, cet enfant n'avait vu que des amis respectables ; car excepté le Chevalier séculaire, tous ceux qui l'entourèrent avaient des manières posées, des paroles décentes et sententieuses. Il avait été caressé par ces femmes à jupes grises, à mitaines brodées, que l'on vous a dépeintes. L'intérieur de la maison paternelle était décoré par un vieux luxe qui n'inspirait que les moins folles pensées. Enfin, instruit par un abbé sans fausse religion, plein de cette aménité des vieillards assis sur ces deux siècles qui apportent dans le nôtre les roses séchées de leur expérience et la fleur fanée des coutumes de leur jeunesse, Victurnien, que tout aurait dû façonner à des habitudes sérieuses, à qui tout conseillait de continuer la gloire d'une maison historique, en prenant sa vie comme une grande et belle chose, Victurnien écoutait les plus dangereuses idées. Il voyait dans sa noblesse un marche-pied bon à l'élever au-dessus des autres hommes : en frappant cette idole encensée au logis paternel, il en avait senti le creux. Il était devenu le plus horrible des êtres sociaux et le plus commun à rencontrer, un égoïste conséquent. Amené par la religion aristocratique du *moi*, à suivre ses fantaisies adorées par les premiers qui eurent soin de son enfance, et par les premiers compagnons de ses folies de jeunesse, il s'était habitué à n'estimer toute chose que par le plaisir qu'elle lui rapportait, et à voir de bonnes ames réparer ses sottises. Complaisance pernicieuse qui devait le perdre. Son éducation, quelque belle et pieuse qu'elle fût, avait le défaut de l'avoir trop isolé, de lui avoir caché le train de la vie à son époque, qui, certes, n'est pas le train d'une ville de province : sa vraie destinée le menait plus haut. Il avait contracté l'habitude de ne pas évaluer le fait à sa valeur sociale, mais relative; il trouvait ses actions bonnes en raison de leur utilité. Comme les despotes, il faisait la loi pour la circonstance, système qui est aux actions du vice ce que la fantaisie est aux œuvres d'art, une cause perpétuelle d'irrégularité. Doué d'un coup-d'œil perçant et rapide, il voyait bien et juste; mais il agissait vite et mal. Je ne sais quoi d'incomplet qui ne s'explique pas et qui se rencontre en beaucoup de jeunes gens, altérait sa conduite. Malgré son active pensée, si soudaine en ses manifestations, dès que le corps parlait, la cervelle obscurcie semblait ne plus exister. Il eût fait l'étonnement des sages, il était capable de surprendre les fous. Son désir, comme un grain d'orage, couvrait aussitôt les espaces clairs et lucides de son cerveau, puis, après des dissipations contre lesquelles il se trouvait sans force, il tombait en des battemens de tête, de cœur et de corps, en des prostrations complètes où il était imbécile à demi. Caractère à traîner un homme dans la boue quand il est livré à lui-même, à le conduire au sommet de l'État quand il est soutenu par la main d'un ami sans pitié. Ni Chesnel, ni le père, ni la tante, n'avaient pu pénétrer cette ame qui tenait par tant de coins à la poésie, mais frappée d'une épouvantable faiblesse à son centre.

Quand Victurnien fut à quelques lieues de sa ville natale, il n'éprouva pas le moindre regret, il ne pensa plus à son vieux père qui le chérissait comme dix générations, ni à sa tante dont le dévoûment était presqu'insensé. Il aspirait à Paris avec une violence fatale, il s'y était toujours transporté par la pensée comme dans le monde de la féerie et y avait mis la scène de ses plus beaux rêves; il croyait y primer comme dans la ville et le département où régnait le nom de son père. Plein, non d'orgueil mais de vanité, ses jouissances s'y agrandissaient de toute la grandeur de Paris. Il franchit la distance avec rapidité. De même que sa pensée, sa voiture ne mit aucune transition entre l'horizon borné de sa province et le monde énorme de la capitale. Il descendit rue de Richelieu, dans un bel hôtel près du boulevart, et se hâta de prendre possession de Paris comme un cheval affamé se rue sur une prairie. Il eut bientôt distingué la différence des deux pays.

Surpris plus qu'intimidé par ce changement, il reconnut, avec la promptitude de son esprit, combien il était peu de chose au milieu de cette encyclopédie babylonienne, combien il serait fou de se mettre en travers du torrent des idées et des mœurs nouvelles. Un seul fait lui suffit. La veille, il avait remis la lettre de son père au duc de Lenoncourt, un des seigneurs français le plus en faveur auprès du Roi; il l'avait trouvé dans son magnifique hôtel, au milieu des splendeurs aristocratiques; le lendemain, il le rencontra sur le boulevart, à pied, un parapluie à la main, flânant, sans aucune distinction, sans son cordon bleu que jadis un chevalier des Ordres ne pouvait jamais quitter. Ce duc et pair, premier gentilhomme de la chambre du Roi, n'avait pu, malgré sa haute politesse, retenir un sourire en lisant la lettre du marquis, son parent. Ce sourire avait dit à Victurnien qu'il y avait plus de soixante lieues entre le Cabinet des Antiques et les Tuileries, il y avait une distance de plusieurs siècles.

A chaque époque, le Trône et la Cour se sont entourés de familles favorites sans aucune ressemblance ni de nom ni de caractères avec celles des autres règnes : dans cette sphère, il semble que ce soit le Fait et non l'Individu qui se perpétue. Si l'histoire n'était là pour prouver cette observation, elle serait incroyable.

La Cour de Louis XVIII mettait alors en relief des hommes presque étrangers à ceux qui ornaient celle de Louis XV : les Rivière, les Blacas, les d'Avaray, les Dambray, les Vaublanc, Vitrolles, d'Autichamp, Larochejacquelin, Pasquier, Decazes, Laîné, de Villèle, la Bourdonnaye, etc. Si vous comparez la Cour de Henri IV à celle de Louis XIV, vous n'y retrouvez pas cinq grandes maisons subsistantes : Villeroy, favori de Louis XIV, était le petit-fils d'un secrétaire parvenu sous Charles IX. Le neveu de Richelieu n'y est presque rien déjà. Les d'Esgrignon, tout-puissans sous Henri IV, quasi princiers sous les Valois, n'avaient aucune chance à la Cour de Louis XVIII, qui ne songeait seulement pas à eux. Aujourd'hui des noms aussi illustres que celui des maisons souveraines, comme les Foix-Grailly, faute d'argent, la seule puissance de ce temps, sont dans une obscurité qui équivaut à l'extinction.

Aussitôt que Victurnien eut jugé cè monde, et il ne le jugea que sous ce rapport en se sentant blessé par l'égalité parisienne, monstre qui acheva sous la Restauration de dévorer le dernier morceau de l'Etat social, il voulut reconquérir sa place avec les armes dangereuses, quoique émoussées, que le siècle laissait à la noblesse : il imita les allures de ceux à qui Paris accordait sa coûteuse attention, il sentit la nécessité d'avoir des chevaux, de belles voitures, tous les accessoires du luxe moderne. Comme le lui dit de Marsay, le premier dandy qu'il trouva dans le premier salon où il fut introduit, il fallait *se mettre à la hauteur de son époque*. Pour son malheur, il tomba dans le monde des roués Parisiens, des de Marsay, des Ronquerolles, des Maxime de Trailles, des des Lupeaulx, des Rastignac, des Vandenesse, des Ajuda-Pinto, des Beaudenord, qu'il trouva chez la marquise d'Espard, chez les duchesses de Grandlieu, de Carigliano, chez les marquises d'Aiglemont et de Listomère, chez madame de Serisy, à l'Opéra, aux ambassades, partout où le mena son nom de bel aloi et sa fortune apparente. A Paris, un nom de haute noblesse reconnu et adopté par le faubourg Saint-Germain, qui sait ses provinces sur le bout du doigt, ce nom est un passeport qui ouvre les portes les plus difficiles à tourner sur leurs gonds pour les inconnus et pour les héros de la société secondaire. Victurnien trouva tous ses parens aimables et accueillans dès qu'il ne se produisit pas en solliciteur : il avait vu sur-le-champ que le moyen de ne rien avoir était de demander quelque chose. A Paris, si le premier mouvement est de se montrer protecteur, le second, beaucoup plus durable, est de mépriser le protégé.

Sa fierté, sa vanité, son orgueil, tous ses bons comme ses mauvais sentimens, le portèrent à prendre, au contraire, une attitude aggressive. Les ducs de Lenoncourt, de Navarreins, de Grandlieu, le prince de Blamont-Chauvry, se firent alors un plaisir de le présenter au Roi. Victurnien vint aux Tuileries dans un magnifique équipage aux armes de sa maison. Sa présentation lui démontra que le Peuple donnait trop de soucis au Roi pour qu'il pensât à sa Noblesse. Il devina tout-à-coup l'ilotisme auquel la Restauration, bardée de ses vieillards éligibles et de ses vieux courtisans, avait condamné la jeunesse noble. Il comprit qu'il n'y avait pour lui de place convenable ni à la Cour, ni dans l'État, ni à l'armée, enfin nulle part. Il s'élança dans le monde des plaisirs. Produit à l'Élysée-Bourbon, chez la duchesse d'Angoulême, au pavillon Marsan, il rencontra partout les témoignages de politesse superficielle dus à l'héritier d'une vieille famille dont on se souvint quand on le vit. C'était encore beaucoup qu'un souvenir. Dans la distinction dont on honorait Victurnien, il y avait la pairie et un beau mariage; mais sa vanité l'empêcha de déclarer sa position, il resta sous les armes de sa fausse opulence. Il fut d'ailleurs si complimenté de sa tenue, si heureux de son premier succès, qu'une honte éprouvée par bien des jeunes gens, la honte d'abdiquer, lui conseilla de garder son attitude. Il prit un petit appartement dans la rue du Bac, avec une écurie, une remise et tous les accompagnemens de la vie élégante à laquelle il se trouva tout d'abord condamné.

Cette mise en scène exigea cinquante mille francs, qu'il obtint contre toutes les prévisions du sage Chesnel, par un concours de circonstances imprévues. La lettre de Chesnel arriva bien à l'étude de son ami; mais son ami était décédé. En voyant une lettre d'affaires, madame Sorbier, veuve très peu poétique, la remit au successeur du défunt. Le jeune notaire dit au jeune comte que le mandat sur le Trésor serait nul, s'il était à l'ordre de son prédécesseur, il écrivit en réponse à l'épître, si longuement méditée par le vieux notaire de province, une lettre de quatre lignes, pour toucher, non pas Chesnel, mais la somme. Chesnel fit le mandat au nom du jeune notaire. Celui-ci, peu susceptible d'épouser la sentimentalité de son correspondant, enchanté de se mettre aux ordres du comte d'Esgrignon, donna tout ce que lui demanda Victurnien.

Ceux qui connaissent la vie de Paris savent qu'il ne faut pas beaucoup de meubles, de voitures, de chevaux et d'élégance pour employer cinquante mille francs; mais ils doivent considérer que Victurnien eut immédiatement pour une vingtaine de mille francs de dettes chez ses fournisseurs, qui ne voulurent pas d'abord de son argent; sa fortune étant assez promptement grossie par l'opinion publique et par Joséphin, espèce de Chesnel en livrée.

Un mois après son arrivée, Victurnien fut obligé d'aller reprendre une dizaine de mille francs chez son notaire. Il avait simplement joué au whist chez les ducs de Navarreins, de Lenoncourt, et au Cercle. Après avoir d'abord gagné quelques milliers de francs, il en eut bientôt perdu cinq ou six mille, et il sentit la nécessité de se faire une bourse de jeu.

Victurnien avait l'esprit qui plaît au monde et qui permet aux jeunes gens de grande famille de se mettre au niveau de toute élévation. Non-seulement il fut aussitôt admis comme un personnage dans la bande de la belle jeunesse ; mais encore il y fut envié. Quand il se vit l'objet de l'envie, il éprouva une satisfaction enivrante, peu faite pour lui inspirer des réformes. Il fut, sous ce rapport, insensé : il ne voulut pas penser aux moyens, il puisa dans ses sacs comme s'ils devaient toujours se remplir, et se défendit à lui-même de réfléchir à ce qu'il adviendrait de ce système. Dans ce monde dissipé, dans ce tourbillon de fêtes, on admet les acteurs en scène sous leurs brillans costumes, sans s'enquérir de leurs moyens : il n'y a rien de plus mauvais goût que de les discuter. Chacun doit perpétuer ses richesses comme la nature perpétue la sienne, en secret. On cause des détresses échues, on s'inquiète en raillant de la fortune de ceux que l'on ne connaît pas, mais on s'arrête là. Un jeune homme comme Victurnien, appuyé par les puissances du faubourg Saint-Germain, et à qui ses protecteurs eux-mêmes accordaient une fortune supérieure à celle qu'il avait, ne fût-ce que pour se débarrasser de lui, tout cela très finement, très élégamment, par un mot, par une phrase; enfin un comte à marier, joli homme, bien pensant, spirituel, dont le père possédait encore les terres de son vieux marquisat, son château héréditaire, ce jeune homme est admirablement accueilli dans toutes les maisons où il y a des jeunes femmes ennuyées, des mères accompagnées de filles à marier et de belles danseuses sans dot.

Le monde l'attirait donc, en souriant, sur les premières banquettes de son théâtre. Les banquettes que les marquis d'autrefois occupaient sur la scène existent toujours à Paris où les noms changent, mais non les choses.

Victurnien retrouva dans la société du faubourg Saint-Germain où l'on se comptait avec le plus de réserve, le double du Chevalier, dans la personne du vidame de Pamiers. Le vidame était un chevalier élevé à la dixième puissance, entouré de tous les prestiges de la fortune, et jouissant des avantages d'une haute position. Ce cher vidame était l'entrepôt de toutes les confidences, la gazette du faubourg; discret néanmoins, et comme toutes les gazettes, ne disant que ce que l'on peut publier. Victurnien entendit encore professer les doctrines transcendantes du Chevalier. Le vidame lui dit, sans le moindre détour, d'avoir des femmes comme il faut, et lui raconta ce qu'il faisait à son âge. Ce que le vidame de Pamiers se permettait alors, est si loin des mœurs modernes où l'ame et la passion jouent un si grand rôle, qu'il est inutile de le raconter à des gens qui ne le croiraient pas. Mais cet excellent vidame fit mieux, il dit en forme de conclusion à Victurnien : — Je vous donne à dîner demain au cabaret. Après l'Opéra où nous irons digérer, je vous mènerai dans une maison où vous trouverez des personnes qui ont le plus grand désir de vous voir.

Le vidame lui donna un délicieux dîner au Rocher-de-Cancale, où il trouva trois invités seulement : de Marsay, Rastignac et Blondet. Alfred Blondet était un compatriote du jeune comte, un écrivain qui tenait à la haute société par sa liaison avec une charmante jeune femme, arrivée de la province de Victurnien, une demoiselle de Troisville, mariée au comte de Montcornet, un des généraux de Napoléon qui avaient passé aux Bourbons. Le vidame professait une profonde mésestime pour les dîners où les convives dépassaient le nombre six. Selon lui, dans ce cas, il était impossible de bien manger et de bien causer, il n'y avait plus ni conversation, ni cuisine, ni vins goûtés en connaissance de cause.

— Je ne vous ai pas appris encore où je vous mènerai ce soir, cher enfant, dit-il en prenant Victurnien par les mains et les lui tapotant. Vous irez chez la duchesse de Grandlieu, où seront en petit comité toutes les jeunes jolies femmes qui ont des prétentions à l'esprit. La littérature, l'art, la poésie, enfin les talens y sont en honneur. C'est un de nos anciens bureaux d'esprit, mais vernissé de morale monarchique, la livrée de ce temps-ci.

— C'est quelquefois ennuyeux et fatigant comme une paire de bottes neuves, mais il s'y trouve des femmes à qui l'on ne peut parler que là, dit de Marsay.

— Si tous les poètes qui viennent y décrotter leurs muses ressemblaient à notre compagnon, dit Rastignac en frappant familièrement sur l'épaule de Blondet, on s'amuserait. Mais l'ode, la ballade, les méditations à petits sentimens, les romans à grandes marges, infestent un peu trop l'esprit et les canapés.

— Pourvu qu'ils ne gâtent pas les femmes et corrompent les jeunes filles, dit de Marsay, je ne les hais pas.

— Messieurs, dit en souriant Blondet, vous empiétez sur mon champ littéraire.

— Tais-toi, tu nous as volé la plus charmante femme du monde, heureux drôle, s'écria Rastignac, nous pouvons bien te prendre tes moins brillantes idées.

— Oui, il est heureux, dit le vidame en prenant Blondet par l'oreille et la lui tortillant, mais Victurnien sera peut-être plus heureux ce soir...

— Déjà, s'écria de Marsay. Le voici depuis un mois ici, à peine a-t-il eu le temps de secouer la poudre de son vieux père, d'essuyer la saumure où sa tante l'avait conservé, à peine a-t-il un cheval anglais un peu propre, un tilbury à la mode, un groom...

— Non, non, il n'a pas de groom, dit Rastignac en interrompant de Marsay; il a une manière de petit paysan qu'il a amené *de son endroit*, et que Buisson, le tailleur qui comprend le mieux les habits de livrée, déclarait inhabile à porter une veste...

— Le fait est que vous auriez dû, dit gravement le vidame, vous modeler sur Beaudenord, qui a sur vous tous, mes petits amis, l'avantage de posséder le vrai tigre anglais...

— Voilà donc, messieurs, où en sont les

gentilshommes en France, s'écria Victurnien. Pour eux la grande question est d'avoir un tigre, un cheval anglais et des babioles...

— Ouais, dit Blondet,

Le bon sens de monsieur quelquefois m'épouvante.

Eh bien, oui, jeune moraliste, vous en êtes-là. Vous n'avez même plus, comme le cher vidame, la gloire des profusions qui l'ont rendu célèbre il y a cinquante ans! Nous faisons de la débauche à un second étage, rue Montorgueil. Il n'y a plus de guerre avec le cardinal, ni de camp du drap d'or. Enfin, vous, comte d'Esgrignon, vous soupez avec un sieur Blondet, fils cadet d'un misérable juge de province, à qui vous ne donniez pas la main là-bas, et qui dans dix ans peut s'asseoir à côté de vous parmi les pairs du royaume. Après cela, croyez en vous, si vous pouvez!

— Eh bien, dit Rastignac, nous sommes passés du Fait à l'Idée, de la force brutale à la force intellectuelle, nous parlons...

— Ne parlons pas de nos désastres, dit le vidame, j'ai résolu de mourir gaîment. Si notre ami n'a pas encore de tigre, il est de la race des lions, il n'en a pas besoin.

— Il ne peut s'en passer, dit Blondet, il est trop nouvellement arrivé.

— Quoique, reprit de Marsay, son élégance soit encore toute neuve, nous l'adoptons : il est digne de nous, il comprend son époque, il a de l'esprit, il est noble, il est gentil, nous l'aimerons, nous le servirons, nous le pousserons...

— Où ? dit Blondet.

— Curieux ! répliqua Rastignac.

— Avec qui s'emménage-t-il ce soir, demanda de Marsay.

— Avec tout un sérail, dit le vidame.

— Peste, qu'est-ce donc, reprit de Marsay, pour que le vidame nous tienne rigueur en tenant parole à l'infante ? J'aurais bien du malheur si je ne la connaissais pas...

— J'ai pourtant été fat comme lui, dit le vidame en montrant de Marsay.

Après le dîner, qui fut très agréable, et sur un ton soutenu de charmante médisance et de jolie corruption, Rastignac et de Marsay, accompagnèrent le vidame et Victurnien à l'Opéra pour pouvoir les suivre chez la duchesse de Grandlieu. Ces deux roués y allèrent à l'heure calculée où devait finir la lecture d'une tragédie, ce qu'ils regardaient comme la chose la plus malsaine à prendre entre onze heures et minuit, ils venaient pour espionner Victurnien et le gêner par leur présence : véritable malice d'écolier, mais aigrie par le fiel des gens du monde.

Victurnien avait cette effronterie de page qui aide beaucoup à l'aisance; aussi, en observant le nouveau venu faire son entrée, Rastignac s'étonna-t-il de sa prompte initiation aux belles manières du moment.

— Ce petit d'Esgrignon ira loin, n'est-ce pas ? dit-il à son compagnon.

— C'est selon, répondit de Marsay, mais il va bien.

Le vidame présenta le jeune comte à l'une des duchesses les plus aimables, les plus légères de cette époque, et dont les aventures ne firent explosion que cinq ans après. Dans tout l'éclat de sa gloire, soupçonnée déjà de quelques légèretés, mais sans preuve, elle obtenait alors le relief que prête à une femme comme à un homme la calomnie parisienne : la calomnie n'atteint jamais les médiocrités, qui enragent de vivre en paix. Cette femme était enfin la duchesse de Maufrigneuse, une demoiselle d'Uxelles, dont le beau-père existait encore et qui ne fut princesse de Cadignan que plus tard. Amie de la duchesse de Langeais, amie de la vicomtessse de Beauséant, deux splendeurs disparues, elle était intime avec la marquise d'Espard, à qui elle disputait en ce moment la fragile royauté de la Mode. Une parenté considérable la protégea pendant longtemps ; mais elle appartenait à ce genre de femmes qui dévoreraient les revenus de la terre et ceux de la lune si l'on pouvait les percevoir, sans qu'on sache à quoi, où, ni comment. Son caractère ne faisait que se dessiner, de Marsay seul l'avait approfondi. En voyant le vidame amener Victurnien à cette délicieuse personne, ce redouté dandy se pencha vers l'oreille de Rastignac.

— Mon cher, il sera, dit-il, *uist! sifflé* comme un *polichinelle* par un cocher de fiacre.

Mot horriblement vulgaire, mais qui prédisait admirablement les événemens de cette passion.

La duchesse de Maufrigneuse s'était affolée de Victurnien, après l'avoir sérieusement étudié. Un amoureux qui eût vu le regard angélique par lequel elle remercia le vidame de Pamiers, eût été jaloux d'une semblable expression d'amitié. Les femmes sont comme des chevaux lâchés dans un steppe, quand elles se trouvent, comme la duchesse en présence du vidame, sur un terrain sans danger : elles sont naturelles alors, elles aiment peut-être à donner ainsi des échantillons de leurs tendresses secrètes. Ce fut un regard discret, d'œil à œil, sans répétition possible dans aucune glace, et que personne ne surprit.

— Comme elle s'est préparée, dit Rastignac à de Marsay. Quelle toilette de vierge, quelle grace de cygne dans son col de neige, quels regards de Madone inviolée, quelle robe blanche, quelle ceinture de petite fille ! Qui dirait que tu as passé par-là ?

— Mais elle est ainsi par cela même, répondit de Marsay d'un air de triomphe.

Les deux jeunes gens échangèrent un sourire.

Madame de Maufrigneuse surprit ce sourire et devina le discours, elle lança aux deux roués une de ces œillades que les Françaises ne connaissaient pas avant la paix, et qui ont été importées par les Anglaises avec les formes de leur argenterie, leurs harnais, leurs chevaux et leurs piles de glace britannique qui rafraîchissent un salon quand il s'y trouve une certaine quantité de *ladies*. Les deux jeunes gens devinrent sérieux comme des commis qui attendent une gratification au bout de la remontrance que leur fait un directeur.

En s'amourachant de Victurnien, la duchesse s'était résolue à jouer ce rôle d'Agnès romantique, que plusieurs femmes imitèrent pour le malheur de la jeunesse d'aujourd'hui. Madame de Maufrigneuse venait de s'improviser ange, comme elle méditait de tourner à la littérature et à la science vers quarante ans au lieu de tourner à la dévotion. Elle tenait à ne ressembler à personne. Elle se créait des rôles et des robes, des bonnets et des opinions, des toilettes et des façons d'agir originales. Après son mariage, quand elle était encore quasi jeune fille, elle avait joué la femme instruite et presque perverse, elle s'était permis des réparties compromettantes auprès des gens superficiels, mais qui prouvaient son ignorance aux vrais connaisseurs. Comme l'époque de ce mariage lui défendait de dérober à la connaissance des temps, la moindre petite année, et qu'elle atteignait à l'âge de vingt-six ans, elle avait inventé de se faire immaculée. Elle paraissait à peine tenir à la terre, elle agitait ses grandes manches, comme si c'eût été des ailes. Son regard prenait la fuite au ciel à propos d'un mot, d'une idée, d'un regard un peu trop vifs. La madone de Piola, ce grand peintre gênois, assassiné par jalousie au moment où il était en train de donner une seconde édition de Raphaël; cette madone la plus chaste de toutes et qui se voit à peine sous sa vitre, dans une petite rue de Gênes; cette céleste madone était une Messaline, comparée à la duchesse de Maufrigneuse. Les femmes se demandaient comment la jeune étourdie était devenue, en une seule toilette, la séraphique beauté voilée qui semblait, suivant une expression à la mode, avoir une ame blanche comme la dernière tombée de neige sur la plus haute des Alpes, comment elle avait si promptement résolu le problême jésuitique de si bien montrer une gorge plus blanche que son ame, en la cachant sous la gaze; comment elle pouvait être si immatérielle en coulant son regard d'une façon si assassine : elle avait l'air de promettre mille voluptés par ce coup d'œil presque lascif, quand par un soupir ascétique plein d'espérance pour une meilleure vie, sa bouche paraissait dire qu'elle n'en réaliserait aucune. Des jeunes gens naïfs, il y en avait quelques-uns à cette époque dans la garde royale, se demandaient si, même dans les dernières intimités, on tutoyait cette espèce de Dame Blanche, vapeur sidérale tombée de la Voie Lactée. Ce système qui triompha pendant quelques années, fut très profitable aux femmes qui avaient leur élégante poitrine doublée d'une philosophie forte, et qui couvraient de grandes exigences sous ces petites manières de sacristie. Pas une de ces créatures célestes n'ignorait ce que pouvait leur rapporter en bon amour l'envie qui prenait à tout homme bien né de les rappeler sur la terre. Cette mode leur permettait de rester dans leur empyrée semi-catholique et semi-ossianique; elles pouvaient et voulaient ignorer tous les détails vulgaires de la vie, ce qui accommodait bien des questions. L'application de ce système deviné par de Marsay explique son dernier mot à Rastignac qu'il vit presque jaloux de Victurnien.

—Mon petit, lui dit-il, reste où tu es : ta Nucingen te fera ta fortune, tandis que la duchesse te ruinerait : c'est une femme trop chère.

Rastignac laissa partir de Marsay sans lui en demander davantage : il savait son Paris. Il savait que la plus précieuse, la plus noble, que la femme la plus désintéressée du monde, à qui l'on ne saurait faire accepter autre chose qu'un bouquet, devient aussi dangereuse pour un jeune homme que ces filles d'Opéra d'autrefois. En effet, il n'y a plus de filles d'Opéra, elles sont passées à l'état mythologique. Les mœurs actuelles des théâtres ont fait des danseuses et des actrices quelque chose d'amusant comme une déclaration des droits de la femme, des poupées qui se promènent le matin en mères de famille vertueuses et respectables, avant de montrer leurs jambes le soir en pantalon collant dans un rôle d'homme. Le bon Chesnel, au fond de son cabinet de province, avait bien deviné l'un des écueils sur lesquels le jeune comte pouvait se briser.

La poétique auréole chaussée par madame de Maufrigneuse éblouit Victurnien : il fut cadenassé dans la première heure, attaché à cette ceinture de petite fille, accroché à ces boucles tournées par la main des fées; il crut à ce fatras de virginités en mousseline, à cette suave expression délibérée comme une loi dans les deux Chambres. Or, il suffit que celui qui doit croire aux mensonges d'une femme y croie, le reste du monde a la valeur des personnages d'une tapisserie pour deux amans. La duchesse était, sans compliment, une des dix plus jolies femmes de Paris, avouées, reconnues. Vous savez qu'il y a dans le monde amoureux autant de *plus jolies femmes de Paris,* que de *plus beaux livres de l'époque* dans la littérature.

A l'âge de Victurnien, la conversation qu'il eut avec la duchesse peut se soutenir sans trop de fatigue. Il était assez jeune et assez peu au fait de la vie parisienne pour ne pas avoir besoin d'être sur ses gardes, ni de veiller sur ses moindres mots et sur ses regards. Ce sentimentalisme religieux, qui se traduit chez chaque interlocuteur en arrière-pensées très drolatiques, exclut la douce familiarité, l'abandon spirituel des anciennes causeries françaises : on s'y aime entre deux nuages. Victurnien avait précisément assez d'innocence départementale pour demeurer dans une extase fort convenable et non jouée qui plut à la duchesse, car les femmes ne sont pas plus dupes des comédies que jouent les hommes que des leurs. Madame de Maufrigneuse estima, non sans effroi, l'erreur du jeune comte à six bons mois d'amour pur. Elle était si délicieuse à voir en colombe, étouffant la lueur de ses regards sous les franges dorées de ses cils, que la marquise d'Espard, en venant lui dire adieu, commença par lui souffler : « Bien! très bien! ma chère! » à l'oreille. Puis la belle marquise laissa sa rivale voyager sur la carte moderne du pays de Tendre, qui n'est pas une conception aussi ridicule que le pensent quelques personnes. Cette carte se regrave de siècle en siècle avec d'autres noms et mène toujours à la même capitale.

En une heure de tête à tête public, dans un coin, sur un divan, la duchesse amena d'Esgrignon aux générosités scipionesques, aux dévoûmens amadisiens, aux abnégations du moyen-âge qui commençait alors à montrer ses dagues, ses machicoulis, ses cottes, ses hauberts, ses souliers à la poulaine, et tout son romantique attirail de carton peint. Elle fut d'ailleurs admirable d'idées inexprimées, et fourrées dans le cœur de Victurnien comme des aiguilles dans une pelote, une à une, de façon distraite et discrète. Elle fut merveilleuse de réticences, charmante d'hypocrisie, prodigue de promesses subtiles qui fondaient à l'examen comme de la glace au soleil, après avoir rafraîchi l'espoir; enfin, très perfide de désirs conçus et inspirés. Cette belle rencontre finit par le nœud coulant d'une invitation à venir la voir, passé avec ces manières chattemites que l'écriture imprimée ne peindra jamais.

— Vous m'oublierez! vous verrez tant de femmes empressées à vous faire la cour au lieu de vous éclairer. Mais vous me reviendrez désabusé. Viendrez-vous, auparavant? Non. Comme vous voudrez. Moi je dis tout naïvement que vos visites me plairaient beaucoup. Les gens qui ont de l'ame sont si rares, et je vous en crois. Allons, adieu, l'on finirait par causer de nous si nous causions davantage.

A la lettre, elle s'envola. Victurnien ne resta pas long-temps après le départ de la duchesse; mais il demeura cependant assez pour laisser deviner son ravissement dans cette attitude des gens heureux, et qui tient à la fois de la discrétion calme des inquisiteurs dont ils affectent la prudence, et de la béatitude concentrée des dévotes qui sortent absoutes du confessionnal.

— Madame de Maufrigneuse y a été franchement ce soir, dit la duchesse de Grandlieu, quand il n'y eut plus que six personnes chez elle : le marquis de Berines, des Lupeaulx, un maître des requêtes en faveur auprès de la duchesse, Vandenesse, la vicomtesse de Grandlieu et madame de Serisy.

— D'Esgrignon et Maufrigneuse sont deux noms qui devaient s'accrocher, répondit madame de Serisy qui avait la prétention de dire des mots.

— Depuis quelques jours elle s'est mise au vert dans le platonisme, dit le marquis de Berines.

— Elle ruinera ce pauvre innocent, dit Charles de Vandenesse.

— Comment l'entendez-vous, reprit la vicomtesse.

— Oh ! moralement et financièrement, ça ne fait pas de doute, dit des Lupeaulx en se levant.

Ce mot cruel eut de cruelles réalités pour le jeune comte d'Esgrignon.

Le lendemain matin, il écrivit à sa tante une lettre où il lui peignit ses débuts dans le monde élevé du faubourg Saint-Germain sous les vives couleurs que jette le prisme de l'amour. Il expliqua l'accueil qu'il recevait partout, de manière à satisfaire l'orgueil de son père. Le marquis se fit lire deux fois cette longue lettre et se frotta les mains en entendant le récit du dîner donné par la vidame de Pamiers, une vieille connaissance à lui, et de la présentation de son fils à la duchesse ; mais il se perdit en conjectures sans pouvoir comprendre la présence du fils cadet d'un juge, du sieur Blondet, qui avait été accusateur public pendant la Révolution. Il y eut fête ce soir-là dans le Cabinet des Antiques : on s'y entretint des succès du jeune comte ; on fut si discret sur madame de Maufrigneuse que le Chevalier fut le seul homme à qui l'on se confia. Cette lettre était sans *post-scriptum* financier, sans la conclusion désagréable relative au nerf de la guerre que tout jeune homme ajoute en pareil cas. Mademoiselle Armande communiqua la lettre à Chesnel. Chesnel fut heureux sans élever la moindre objection. Il était clair, comme le disaient le Chevalier et le marquis, qu'un jeune homme aimé par la duchesse de Maufrigneuse allait être un des héros de la Cour, où, comme autrefois, on parvenait par les femmes. Le jeune comte n'avait pas mal choisi. Les douairières racontèrent toutes les histoires galantes des Maufrigneuse, depuis Louis XIII jusqu'à Louis XVI, elles firent grace des règnes antérieurs; enfin elles furent enchantées. On loua beaucoup madame de Maufrigneuse de s'intéresser à Victurnien. Le cénacle du Cabinet des Antiques eût été digne d'être écouté par un auteur dramatique qui aurait voulu faire de la vraie comédie. Victurnien reçut des lettres charmantes de son père, de sa tante, du Chevalier qui se rappelait au souvenir du vidame, avec lequel il avait été à Spa, lors du voyage qui y fit, en 1778, une célèbre princesse hongroise. Chesnel écrivit aussi. Dans toutes les pages éclatait l'adulation à laquelle on avait habitué ce malheureux enfant. Mademoiselle Armande semblait être de moitié dans les plaisirs de madame de Maufrigneuse.

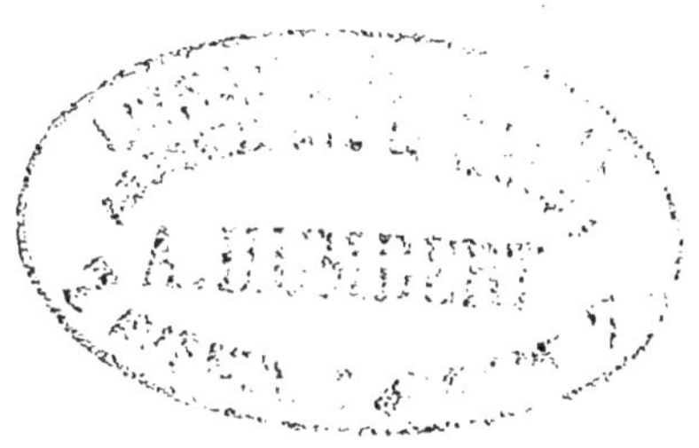

CHAPITRE IV.

LA BELLE MAUFRIGNEUSE.

Le jeune comte, heureux de l'approbation de sa famille, entra vigoureusement dans le sentier périlleux et coûteux du dandysme; il eut cinq chevaux, il fut modéré: de Marsay en avait quatorze. Il rendit au vidame, à de Marsay, à Rastignac, et même à Blondet le dîner reçu. Son dîner lui coûta cinq cents francs. Il fut fêté par ces messieurs, sur la même échelle, grandement. Il joua beaucoup et malheureusement au whist, le jeu à la mode. Il organisa son oisiveté de manière à être occupé. Victurnien alla tous les matins de midi à trois heures chez la duchesse ; de là, il la retrouvait au bois de Boulogne, lui à cheval, elle en voiture. Si les deux amans faisaient quelques parties à cheval, elles avaient lieu par de belles matinées. Dans la soirée, le monde, les bals, les fêtes, les spectacles se partageaient les heures du jeune comte. Il brillait partout, car partout il jetait les perles de son esprit ; il jugeait par des mots profonds, les hommes, les choses, les événemens : c'était un arbre à fruit qui ne donnait que des fleurs. Il mena cette lassante vie où l'on dissipe plus d'ame encore peut-être que d'argent, où s'enterrent les plus beaux talens, où meurent les plus incorruptibles probités, où s'amollissent les volontés les mieux trempées. La duchesse, cette créature si blanche, si frêle, si ange, se plaisait à la vie dissipée des garçons : elle aimait à voir les premières représentations, elle aimait le drôle, l'imprévu. Elle ne connaissait pas le cabaret : d'Esgrignon lui arrangea une charmante partie au Rocher de Cancale avec la société des aimables roués qu'elle pratiquait en les moralisant, et qui fut d'une gaîté, d'un spirituel, d'un amusant égal au prix du souper. Cette partie en amena d'autres. Néanmoins ce fut pour Victurnien une passion angélique. Oui, madame de Maufrigneuse restait un ange que les corruptions de la terre n'atteignaient point : un ange aux Variétés devant ces farces à demi-obscènes et populacières qui la faisaient rire, un ange au milieu du feu croisé des délicieuses plaisanteries et des chroniques scandaleuses qui se disaient aux parties fines, un ange, pâmée au Vaudeville en loge grillée, un ange en remarquant les poses des danseuses de l'Opéra et les critiquant avec la science d'un vieillard du coin de la reine, un ange à la Porte-Saint-Martin, un ange aux petits théâtres du boulevard, un ange au bal masqué où elle s'amusait comme un écolier; un ange qui voulait que l'amour vécût de privations, d'héroïsme, de sacrifices, et qui faisait changer à d'Esgrignon un cheval dont la robe lui déplaisait, qui le voulait dans la tenue d'un lord anglais riche d'un million de rentes. Elle était un ange au jeu. Certes aucune bourgeoise n'aurait su dire angéliquement comme elle à d'Esgrignon : Mettez au jeu pour moi! Elle était si angéliquement folle quand elle faisait une folie, que c'était à vendre son ame au diable pour entretenir cet ange dans le goût des joies terrestres.

Après son premier hiver, le jeune comte avait pris chez le jeune notaire, le successeur du vénérable ami de Chesnel et qui se gardait bien d'user du droit de remontrance, la bagatelle de trente mille francs au-delà de la somme envoyée par Chesnel. Un refus extrêmement poli du notaire à une nouvelle demande, apprit ce débet à Victurnien qui se choqua d'autant plus du refus, qu'il avait perdu six mille francs au Cercle et qu'il les lui fallait pour y retourner. Après s'être formalisé du refus de ce notaire qui avait eu pour trente mille francs de confiance en lui, tout en écrivant à Chesnel ; mais qui faisait sonner haut cette prétendue confiance devant le jeune favori de la belle duchesse, d'Esgrignon fut obligé de lui demander comment il devait s'y prendre. Il s'agissait d'une dette d'honneur.

— Tirez quelques lettres de change sur le banquier de votre père, portez-les à son correspondant qui les escomptera sans doute, puis écrivez à votre famille d'en remettre les fonds chez ce banquier.

Dans la détresse où il était, le jeune comte entendit une voix intérieure qui lui jeta le nom de du Croisier, dont il ignorait complètement les dispositions envers l'aristocratie aux genoux de laquelle il l'avait vu. Il lui écrivit donc une lettre très dégagée, par laquelle il lui apprenait qu'il tirait sur lui une lettre de change de dix mille francs, dont les fonds lui seraient remis au reçu de sa lettre par monsieur Chesnel ou par mademoiselle Armande d'Esgrignon. Puis il écrivit deux lettres attendrissantes à Chesnel et à sa tante.

Quand il s'agit de se précipiter dans les abîmes, les jeunes gens font preuve d'une adresse, d'une habileté singulière, ils ont du bonheur. Victurnien trouva dans la matinée le nom, l'adresse des banquiers parisiens en relation avec du Croisier, les Keller que de Marsay lui indiqua. De Marsay savait tout à Paris. Les Keller remirent à d'Esgrignon sous escompte, sans mot dire, le montant de la lettre de change : ils devaient à du Croisier. Cette dette de jeu n'était rien en comparaison de l'état des choses au logis : il pleuvait des mémoires chez Victurnien.

— Tiens, tu t'occupes de ça ! dit un matin Rastignac à d'Esgrignon en riant. Tu les mets en ordre, mon cher. Je ne te croyais pas si bourgeois.

— Mon cher enfant, il faut bien y penser, j'en ai là pour vingt et quelques mille francs.

De Marsay, qui venait chercher d'Esgrignon pour une course au clocher, sortit de sa poche un élégant petit portefeuille, y prit vingt mille francs, et les lui présenta.

— Voilà, dit-il, la meilleure manière de ne pas les perdre, je suis aujourd'hui doublement enchanté de les avoir gagnés hier à lord Dudley.

Cette grace toute française séduisit au dernier point d'Esgrignon qui crut à l'amitié, qui ne paya point ses mémoires et se servit de cet argent pour ses plaisirs. De Marsay, suivant une expression de la langue dandystique, voyait avec un indicible plaisir d'Esgrignon s'*enfoncer*, il prenait plaisir à s'appuyer le bras sur son épaule avec toutes les chatteries de l'amitié pour y peser et le faire disparaître plus tôt. Il était jaloux de l'éclat avec lequel s'affichait la duchesse pour d'Esgrignon, quand elle avait réclamé le huis-clos pour lui. C'était, d'ailleurs, un de ces rudes goguenards qui se plaisent dans le mal comme les femmes turques dans le bain. Aussi, quand il eut remporté le prix de la course, et que les parieurs furent réunis chez un aubergiste où ils déjeûnèrent, et où l'on trouva quelques bonnes bouteilles de vin, de Marsay, dit-il en riant à d'Esgrignon : — Ces mémoires dont tu t'inquiètes, ne sont pas les tiens.

— Et s'en inquièterait-il ? répliqua Rastignac.

— Et à qui appartiendraient-ils donc? demanda d'Esgrignon.

— Tu ne connais donc pas la position de la duchesse? dit de Marsay en remontant à cheval.

— Non, répondit d'Esgrignon intrigué.

— Hé bien! mon cher, répartit de Marsay, voici : trente mille francs chez Victorine, dix-huit mille francs chez Houbigant, un compte chez Herbault, chez Nattier, chez Nourtier, chez les petites Latour, en tout cent mille francs.

— Un ange, dit d'Esgrignon.

— Voilà le compte de ses ailes, s'écria bouffonnement Rastignac.

— Elle doit tout cela, mon cher, répondit de Marsay, précisément parce qu'elle est un ange; mais nous avons tous rencontré des anges dans ces situations-là, dit-il en regardant Rastignac. Les femmes sont sublimes en ceci qu'elles n'entendent rien à l'argent; elles ne s'en mêlent pas, cela ne les regarde point, elles sont priées au *banquet de la vie*, comme a dit je ne sais quel poète crevé à l'hôpital...

— Comment savez-vous cela, tandis que je ne le sais pas? répondit naïvement d'Esgrignon.

— Tu seras le dernier à le savoir, comme elle serait la dernière à apprendre que tu as des dettes.

— Je lui croyais cent mille livres de rentes, dit d'Esgrignon.

— Son mari, reprit de Marsay, est séparé d'elle et vit dans son gouvernement militaire, parce qu'il a quelques petites dettes aussi, notre cher duc! D'où venez-vous? Vous ne savez pas, comme nous, faire les comptes de vos amis. Mademoiselle Diane, (je l'ai aimée pour son nom!) Diane d'Uxelles s'est mariée avec soixante mille livres de rentes à elle, sa maison est depuis huit ans montée sur un pied de deux cent mille livres de rentes; il est clair qu'en ce moment, ses terres sont toutes hypothéquées au-delà de leur valeur; il faudra quelque beau matin fondre la cloche, et l'ange sera mis en fuite par..., faut-il le dire? par des huissiers qui auront l'impudeur de saisir un ange comme ils saisiraient l'un de nous.

— Pauvre ange!

— Eh! mon cher, il en coûte fort cher de rester dans le Paradis, il faut se blanchir le teint et les ailes tous les matins, dit Rastignac.

Comme il était passé par la tête de d'Esgrignon d'avouer ses embarras à sa chère Diane, il lui passa comme un frisson en pensant qu'il devait déjà soixante mille francs et qu'il avait pour dix mille francs de mémoires à venir. Il revint assez triste. Sa préoccupation mal déguisée fut remarquée par ses amis, qui se dirent à dîner : — Ce petit d'Esgrignon s'enfonce! il n'a pas le pied parisien, il se brûlera la cervelle. C'est un petit sot, etc.

Le jeune comte fut consolé promptement. Son valet de chambre lui remit deux lettres.

D'abord une lettre de Chesnel, qui sentait le rance de la fidélité grondeuse et des phrases rubriquées de probité; il la respecta, la garda pour le soir.

Puis une seconde lettre où il lut avec un plaisir infini les phrases cicéroniennes par lesquelles du Croisier, à genoux devant lui comme Sganarelle devant Géronte, le suppliait à l'avenir de lui épargner l'affront de faire déposer à l'avance l'argent des lettres de change qu'il daignerait tirer sur lui. Cette lettre finissait par une phrase qui ressemblait si bien à une caisse ouverte et pleine d'écus au service de la noble maison d'Esgrignon, que Victurnien fit le geste de Sganarelle, de Mascarille et de tous ceux qui sentent des démangeaisons de conscience au bout des doigts.

En se sachant un crédit illimité chez les Keller, il décacheta gaîment la lettre de Chesnel; il s'attendait aux quatre pages pleines, à la remontrance débordant à pleins bords, il voyait déjà lés mots habituels de prudence, honneur, esprit de conduite, etc., etc. Il eut le vertige en lisant ces mots :

« Monsieur le Comte,

» Il ne me reste, de toute ma fortune, que » deux cent mille francs; je vous supplie de » ne pas aller au-delà, si vous faites l'honneur » de les prendre au plus dévoué des serviteurs » de votre famille et qui vous présente ses » respects.

» CHESNEL. »

— C'est un homme de Plutarque, se dit Victurnien en jetant la lettre sur sa table.

Il éprouva du dépit, il se sentait petit devant tant de grandeur.

— Allons, il faut se réformer, se dit-il.

Au lieu de dîner au café où il dépensait à chaque dîner, entre cinquante et cent francs, il fit l'économie de dîner avec la duchesse de Maufrigneuse, à laquelle il raconta l'anecdote de la lettre.

— Je voudrais voir cet homme-là, dit-elle en faisant briller ses yeux comme deux étoiles fixes.

— Qu'en feriez-vous?

— Mais je le chargerais de mes affaires.

Elle était divinement mise, elle voulut faire honneur de sa toilette à Victurnien, qui fut fasciné par la légèreté avec laquelle elle traitait ses affaires, ou plus exactement ses dettes. Les deux amans allèrent aux Italiens. Jamais cette belle et séduisante femme ne parut plus séraphique ni plus éthérée. Personne dans la salle n'aurait pu croire aux dettes dont de Marsay venait de donner le chiffre le matin même à d'Esgrignon. Aucun des soucis de la terre n'atteignait à ce front sublime, plein des fiertés féminines les mieux situées. Chez elle, un air rêveur semblait être le reflet de l'amour terrestre noblement étouffé. La plupart des hommes pariaient que le beau Victurnien en était pour ses frais, contre des femmes sûres de la défaite de leur rivale, et qui l'admiraient comme Michel-Ange admirait Raphaël, *in petto!* Victurnien l'aimait, selon celle-ci, à cause de ses cheveux, elle avait la plus belle chevelure blonde de France. Selon celle-là, son principal mérite était sa blancheur; car elle n'était pas bien faite, mais bien habillée. Selon d'autres, le jeune comte l'aimait pour son pied, la seule chose qu'elle eût de bien, elle avait la figure plate. Mais ce qui peint étonnamment les mœurs actuelles de Paris : d'un côté, les hommes disaient que la duchesse fournissait au luxe de Victurnien ; de l'autre, les femmes donnaient à entendre que Victurnien payait, comme disait Rastignac, les ailes de cet ange.

En revenant, Victurnien, à qui les dettes de la duchesse pesaient bien plus que les siennes, eut vingt fois sur les lèvres une interrogation pour entamer ce chapitre ; mais vingt fois elle expira devant l'attitude de cette créature, divine à la lueur des lanternes de son coupé, séduisante de ces voluptés qui, chez elle, semblaient toujours arrachées violemment à sa pureté de madone. La duchesse ne commettait pas la faute de parler de sa vertu, ni de son état d'ange, comme les femmes de province qui l'ont imitée : elle était bien plus habile, elle y faisait penser celui pour qui elle commettait d'aussi immenses sacrifices. Elle donnait, après six mois, l'air d'un péché capital au plus innocent baisement de main, elle pratiquait l'extorquement des bonnes grâces avec un art si consommé, qu'il était impossible de ne pas la croire plus ange avant qu'après. Il n'y a que les Parisiennes assez fortes pour toujours donner un nouvel attrait à la lune et pour romantiser les étoiles, pour toujours rouler dans le même sac à charbon et en sortir toujours plus blanche. Là est le dernier degré de la civilisation intellectuelle et parisienne. Les femmes au-delà du Rhin ou de la Manche croient à ces sornettes quand elles les débitent, tandis que les Parisiennes y font croire leurs amans pour les rendre plus heureux en flattant toutes leurs vanités temporelles et spirituelles. Quelques personnes ont voulu diminuer le mérite de la duchesse, en prétendant qu'elle était la première dupe de ses sortiléges. Infâme calomnie! La duchesse ne croyait à rien qu'à elle-même.

Au commencement de l'hiver, entre les années 1823 et 1824, Victurnien avait chez les Keller un débit de deux cent mille francs dont ni Chesnel, ni mademoiselle Armande ne savaient rien. Pour mieux cacher la source où il puisait, il s'était fait envoyer de temps à autre deux mille écus par Chesnel; il écrivit des lettres mensongères à son pauvre père et à sa tante, qui vivaient heureux, abusés comme la plupart des gens heureux. Une seule personne était dans le secret de l'horrible catastrophe que l'entraînement fascinateur de la vie parisienne avait préparé à cette grande et noble famille. Du Croisier, en passant le soir devant le Cabinet des Antiques, se frottait les mains de joie, il espérait arriver à ses fins. Ses fins n'étaient plus la ruine, mais le déshonneur de la maison d'Esgrignon, il avait alors l'instinct de sa vengeance, il la flairait! Enfin, il en fut sûr dès qu'il sut au jeune comte des dettes sous le poids desquelles cette jeune ame devait succomber. Il commença par assassiner celui de ses ennemis qui lui était le plus antipathique, le vénérable Chesnel.

Ce bon vieillard habitait rue de Bercail une maison à toits très élevés, à petite cour pavée, le long des murs de laquelle montaient des rosiers jusqu'au premier étage. Derrière, était un jardinet de province, entouré de murs humides et sombres, divisé en plate-bandes par des bordures en buis. La porte, grise et proprette, avait cette barrière à clairevoie armée de sonnettes, qui dit autant que les panonceaux : ici respire un notaire. Il était cinq heures et demie du soir, moment où le vieillard digérait son dîner. Chesnel était dans son vieux fauteuil de cuir noir, devant son feu ; il avait chaussé l'armure de carton peint, figurant une botte, avec laquelle il préservait ses jambes du feu. Le bonhomme avait l'habitude d'appuyer ses pieds sur la barre et de tisonner en digérant, il mangeait toujours trop : il aimait la bonne chère. Hélas! sans ce petit défaut, n'eût-il pas été plus parfait qu'il n'est permis à un homme de l'être. Il venait de prendre sa tasse de café, sa vieille gouvernante s'était retirée en emportant le plateau qui servait à cet usage depuis vingt ans; il attendait ses clercs avant de sortir pour aller faire sa partie; il pensait, ne demandez pas à qui, ni à quoi? Rarement une journée s'écoulait sans qu'il se fût dit : où est-il? que fait-il? Il le croyait en Italie avec la belle Maufrigneuse.

Une des plus douces jouissances des hommes qui possèdent une fortune acquise et non transmise, est le souvenir des peines qu'elle a coûtées et l'avenir qu'ils donnent à leurs écus : ils jouissent aux deux temps du verbe. Aussi cet homme, dont les sentimens se résumaient par un attachement unique, avait-il de doubles jouissances en pensant que ses terres si bien choisies, si bien cultivées, si péniblement achetées, grossiraient les domaines de la maison d'Esgrignon. A l'aise dans son vieux fauteuil, il se carrait dans ses espérances : il regardait tour à tour l'édifice élevé par ses pincettes avec des charbons ardens et l'édifice de la maison d'Esgrignon relevé par ses soins. Il s'applaudissait du sens qu'il avait donné à sa vie, en imaginant le jeune comte heureux. Chesnel ne manquait pas d'esprit, son ame n'agissait pas seule dans ce grand dévoûment, il avait son orgueil, il ressemblait à ces nobles qui rebâtissent des piliers dans les cathédrales en y inscrivant leurs noms : il s'inscrivait dans la mémoire de la maison d'Esgrignon. On y parlerait du vieux Chesnel.

En ce moment, sa vieille gouvernante entra en donnant les marques d'un effarouchement excessif.

— Est-ce le feu, Brigitte? dit Chesnel.

— C'est quelque chose comme ça, répondit-elle. Voici monsieur du Croisier qui veut vous parler...

— Monsieur du Croisier, répéta le vieillard atteint jusqu'au cœur par la lame froide du soupçon, et il laissa tomber ses pincettes. Monsieur du Croisier ici! pensa-t-il, notre ennemi capital.

Du Croisier entrait alors avec l'allure d un chat qui sent du lait dans un office; il prit le fauteuil que lui avançait le notaire, s'y assit tout doucettement, et présenta un compte de deux cent vingt-sept mille francs, intérêts compris, formant le total de l'argent avancé à monsieur Victurnien en lettres de change tirées sur du Croisier, acquittées, et dont il réclamait le paiement sous peine de poursuivre immédiatement avec la dernière rigueur l'héritier présomptif de la maison d'Esgrignon.

Chesnel mania ces fatales lettres une à une, en demandant le secret à l'ennemi de la famille. L'ennemi promit de se taire, s'il était payé dans les quarante-huit heures : il était gêné, il avait obligé des manufacturiers. Il entama cette série de mensonges pécuniaires qui ne trompent ni les emprunteurs ni les notaires. Le bonhomme avait les yeux troublés, il retenait mal ses larmes : il ne pouvait payer qu'en hypothéquant ses biens pour le reste de leur valeur. En apprenant la difficulté qu'éprouverait son remboursement, du Croisier ne fut plus gêné, n'eût plus besoin d'argent, il proposa soudain au vieux notaire de lui acheter ses propriétés. Cette vente fut signée et consommée en deux jours. Le pauvre Chesnel ne put supporter l'idée de savoir l'enfant de la maison, détenu pour dettes pendant cinq ans. Quelques jours après, il ne resta donc plus au notaire que son étude, ses recouvremens et sa maison; il se promena, dépouillé de ses biens, sous les lambris en chêne noir de son cabinet, regardant les solives de châtaignier à filets sculptés, regardant sa treille par la fenêtre, ne pensant plus à ses fermes ni à sa chère campagne du Jard, non.

— Que deviendra-t-il? Il faut le rappeler, le marier à une riche héritière, se disait-il les yeux troublés, la tête pesante.

Il ne savait comment aborder mademoiselle Armande, ni en quels termes lui apprendre cette nouvelle. Lui, qui venait de solder le compte des dettes au nom de la famille, tremblait d'avoir à parler de ces choses. En allant de la rue du Bercail à l'hôtel d'Esgrignon, le bon vieux notaire était palpitant comme une jeune fille qui se sauve de la maison paternelle pour n'y revenir que mère et désolée.

Mademoiselle Armande venait de recevoir une lettre charmante d'hypocrisie, où son neveu paraissait l'homme du monde le plus heureux. Après avoir été aux Eaux et en Italie avec madame de Maufrigneuse, Victurnien envoyait le journal de son voyage à sa tante. L'amour respirait dans toutes ses phrases. Tantôt une ravissante description de Venise et d'enchanteresses appréciations des chefs-d'œuvre de l'art italien ; tantôt des pages divines sur le Dôme de Milan, sur Florence; ici la peinture des Apennins opposée à celle des Alpes, là des villages où l'on était heureux comme Chiavari, fascinaient la pauvre tante qui voyait planant à travers ces contrées d'amour un ange dont la tendresse prêtait à ces belles choses un air enflammé. Mademoiselle Armande savourait cette lettre à longs traits, comme le devait une fille sage, mûrie au feu des passions contraintes, comprimées, victime des désirs offerts en holocauste sur l'autel domestique avec une joie constante. Elle n'avait pas l'air ange comme la duchesse, elle ressemblait alors à ces statuettes droites, minces, élancées, de couleur jaune, que les merveilleux artistes des cathédrales ont mises dans quelques angles, au pied desquelles l'humidité permet au liseron de croître et de les couronner par un beau jour d'une belle cloche bleue. En ce moment, la clochette s'épanouissait aux yeux de cette Sainte : mademoiselle Armande aimait fantastiquement ce beau couple, elle ne trouvait pas condamnable l'amour d'une femme mariée pour Victurnien, elle l'eût blâmé dans toute autre, mais le crime ici aurait été de ne pas aimer son neveu. Les tantes, les mères et les sœurs ont une jurisprudence particulière pour leurs neveux, leurs fils et leurs frères. Elle se voyait donc au milieu des palais bâtis par les fées sur les deux lignes du grand canal à Venise ; elle était dans la gondole de Victurnien qui lui disait combien il avait été heureux de sentir dans sa main la belle main de la duchesse, et d'être aimé en voyageant au sein de cette amoureuse reine des mers italiennes. En ce moment d'angélique béatitude, apparut au bout de l'allée, Chesnel! Hélas! le sable criait sous ses pieds, comme celui qui tombe du sablier de la Mort et qu'elle broye avec ses pieds sans chaussure. Ce bruit et la vue de Chesnel dans un état d'horrible désolation, donnèrent à la vieille fille la cruelle émotion que cause le rappel des sens envoyés par l'ame dans les pays imaginaires.

— Qu'y a-t-il? s'écria-t-elle comme frappée d'un coup au cœur.

— Tout est perdu! dit Chesnel. Monsieur le comte déshonorera la maison, si nous n'y mettons ordre.

Il montra les lettres de change, il peignit les tortures qu'il avait subies depuis quatre jours, en peu de mots, simples, mais énergiques, touchans.

— Le malheureux, il nous trompe, s'écria mademoiselle Armande, dont le cœur se dilata sous l'affluence du sang qui abondait par grosses vagues.

— Disons notre *meâ culpâ*, mademoiselle, reprit d'une voix forte le vieillard, nous l'avons habitué à faire ses volontés, il lui fallait un guide sévère, et ce ne pouvait être ni vous qui êtes une fille, ni moi qu'il n'écoutait pas.

— Il y a de terribles fatalités pour les races nobles qui tombent, dit mademoiselle Armande les yeux en pleurs.

En ce moment, le marquis se montra. Le vieillard revenait de sa promenade en lisant la lettre que son fils lui avait écrite à son retour en lui dépeignant son voyage au point de vue aristocratique. Victurnien avait été reçu par les plus grandes familles italiennes, à Gênes, à Turin, à Milan, à Florence, à Venise, à Rome, à Naples; il avait dû leur flatteur accueil à son nom et aussi à la duchesse peut-être. Enfin il s'y était montré magnifiquement, et comme devait se produire un d'Esgrignon.

— Tu auras fait des tiennes, Chesnel, dit-il au vieux notaire.

Mademoiselle Armande fit un signe à Chesnel, signe ardent et terrible, également bien compris par tous deux. Ce pauvre père, cette fleur d'honneur féodal devait mourir avec ses illusions. Un pacte de silence et de dévoûment entre le noble notaire et la noble fille fut conclu par une simple inclination de tête.

— Ah! Chesnel, ce n'est pas tout-à-fait comme ça que les d'Esgrignon ont été en Italie vers le quinzième siècle, quand le maréchal Trivulce, au service de France, servait sous un d'Esgrignon, qui avait Bayard sous ses ordres : autre temps, autres plaisirs. La duchesse de Maufrigneuse vaut d'ailleurs bien la marquise de Pescaire.

Le vieillard se balançait d'un air fat comme

s'il avait eu la marquise de Pescaire et comme s'il possédait la duchesse moderne. Quand les deux affligés furent seuls, assis sur le même banc, réunis dans une même pensée, ils se dirent pendant long-temps l'un à l'autre des paroles vagues, insignifiantes, en regardant ce père heureux qui s'en allait en gesticulant comme s'il se parlait à lui-même.

— Que va-t-il devenir ? disait mademoiselle Armande.

— Du Croisier a donné l'ordre à messieurs Keller de ne plus lui remettre de sommes sans titres, répondit Chesnel.

— Il a des dettes, reprit mademoiselle Armande.

— Je le crains.

— S'il n'a plus de ressources, que fera-t-il ?

— Je n'ose me répondre à moi-même.

— Mais il faut l'arracher à cette vie, l'amener ici, car il arrivera à manquer de tout.

— Et à manquer à tout, répéta lugubrement Chesnel.

Mademoiselle Armande ne comprit pas.

— Comment le soustraire à cette femme, à cette duchesse, qui peut-être l'entraîne? dit-elle.

— Il fera des crimes pour rester auprès d'elle, dit Chesnel en essayant d'arriver par des transitions supportables à une idée insupportable.

— Des crimes! répéta mademoiselle Armande. Ah! Chesnel, cette idée ne peut venir qu'à vous, ajouta-t-elle, en lui jetant un regard accablant, le regard par laquelle la femme peut foudroyer les dieux. Les gentilshommes ne commettent d'autres crimes que ceux dits de haute trahison et on leur coupe alors la tête sur un drap noir comme aux rois.

— Les temps sont bien changés, dit Chesnel en branlant sa tête de laquelle Victurnien avait fait tomber les derniers cheveux. Le Roi Martyr n'est pas mort comme Charles d'Angleterre.

Cette réflexion calma le magnifique courroux de la fille noble, elle eut le frisson, sans croire encore à l'idée de Chesnel.

— Nous prendrons un parti demain, dit-elle, il y faut réfléchir. Nous avons nos biens en cas de malheur.

— Oui, reprit Chesnel, vous êtes indivis avec monsieur le marquis, la plus forte part vous appartient, vous pouvez l'hypothéquer sans lui rien dire.

Pendant la soirée, les joueurs et les joueuses de whist, de reversis, de boston, de tric-trac, remarquèrent quelqu'agitation dans les traits ordinairement si calmes et si purs de mademoiselle Armande.

— Pauvre enfant sublime, dit la vieille marquise de Casteran, elle doit souffrir encore : une femme ne sait jamais à quoi elle s'engage en faisant les sacrifices qu'elle a faits à sa maison.

Il fut décidé le lendemain avec Chesnel que mademoiselle Armande irait à Paris arracher son neveu à sa perdition. Si quelqu'un pouvait opérer l'enlèvement de Victurnien, n'était-ce pas la femme qui avait pour lui des entrailles maternelles ? Mademoiselle Armande, décidée à aller trouver la duchesse de Maufrigneuse, voulait lui tout déclarer. Mais il fallut un prétexte pour justifier ce voyage aux yeux du marquis et de la ville. Mademoiselle Armande risqua toutes ses pudeurs, son honneur de fille vertueuse en laissant croire à quelque maladie cachée qui exigeait une consultation de médecins habiles et renommés. Dieu sait si l'on en causa. Mademoiselle Armande voyait un bien autre honneur que le sien au jeu! Elle partit. Chesnel lui apporta son dernier sac de louis, elle le prit, sans même y faire attention, comme elle prenait sa capote blanche et ses mitaines de filet.

— Généreuse fille! Quelle grace! dit Chesnel en la mettant en voiture, elle et sa femme de chambre qui ressemblait à une sœur grise.

Du Croisier avait calculé sa vengeance comme les gens de province calculent tout. Vous ne trouvez au monde que les sauvages, les paysans et les gens de province pour étudier à fond leurs affaires dans tous les sens; aussi, quand ils arrivent de la Pensée au Fait, trouvez-vous les choses complètes. Les diplomates sont des enfans auprès de ces trois classes de mammifères, qui ont le temps devant eux, cet élément qui manque aux gens obligés de penser à plusieurs choses, obligés de tout conduire, de tout préparer dans les grandes affaires humaines.

Du Croisier avait-il si bien sondé le cœur du pauvre Victurnien, qu'il eut prévu la facilité avec laquelle il se prêterait à sa vengeance, ou bien profita-t-il d'un hasard épié durant plusieurs années? il y a certes un détail qui prouve une certaine habileté dans la manière dont il prépara le coup. Qui l'avertissait? était-ce les Keller, était-ce le fils du président du Ronceret qui achevait son droit à Paris? Du Croisier écrivit à Victurnien une lettre pour lui annoncer qu'il avait défendu aux Keller de lui avancer aucune somme désormais, au moment où il savait la duchesse de Maufrigneuse dans les derniers embarras, et où le comte d'Esgrignon était dévoré par une misère aussi effroyable que savamment déguisée. Ce malheureux jeune homme déployait son esprit à feindre l'opulence! Cette lettre qui disait à la victime que les Keller ne lui remettraient rien sans des valeurs, laissait entre les formules d'un respect exagéré et la signature un espace assez considé-rable. En coupant ce fragment de lettre, il était facile d'en faire un effet pour une somme considérable. Cette infernale lettre allait jusques sur le verso du second feuillet, elle était sous enveloppe, le revers se trouvait blanc.

Quand cette lettre arriva, Victurnien roulait dans les abîmes du désespoir. Après deux ans passés dans la vie la plus heureuse, la plus sensuelle, la moins penseuse, la plus luxueuse, il se voyait face à face avec une inexorable misère, une impossibilité absolue d'avoir de l'argent. Le voyage ne s'était pas achevé sans quelques tiraillemens pécuniaires. Le comte avait extorqué très difficilement, la duchesse aidant, des sommes à des banquiers. Ces sommes représentées par des lettres de change, allaient se dresser devant lui dans toute leur rigueur, avec les sommations implacables de la Banque et de la Jurisprudence commerciale. A travers ses dernières jouissances, ce malheureux enfant sentait la pointe de l'épée du Commandeur. Au milieu de ses soupers, il entendait, comme Don Juan, le bruit lourd de la Statue qui montait les escaliers. Il éprouvait ces frissons indicibles que donne le *sirocco* de dettes. Il comptait sur un hasard : il avait toujours gagné à la loterie depuis cinq ans, sa bourse s'était toujours remplie. Il se disait qu'après Chesnel était venu du Croisier, qu'après du Croisier arriverait une autre mine d'or. D'ailleurs, il gagnait de fortes sommes au jeu. Le jeu l'avait sauvé déjà de plusieurs mauvais pas. Souvent, dans un fol espoir, il allait perdre au salon des Étrangers le gain qu'il faisait au Cercle ou dans le monde au whist. Sa vie, depuis deux mois, ressemblait à l'immortel finale du *Don Juan* de Mozart ; musique qui doit faire frissonner certains jeunes gens parvenus à la situation où se débattait Victurnien. Si quelque chose peut prouver l'immense pouvoir de la Musique, n'est-ce pas cette sublime traduction du désordre, des embarras qui naissent dans une vie exclusivement voluptueuse, cette peinture effrayante du parti pris de s'étourdir sur les dettes, sur les duels, sur les tromperies, sur les mauvaises chances? Mozart est, dans ce morceau, le rival heureux de Molière. Ce terrible finale ardent, vigoureux, désespéré, joyeux, plein de fantômes horribles et de femmes lutines, marqué par une tentative qu'allument les vins du souper et par une défense enragée; tout cet infernal poème, Victurnien le jouait à lui seul! Il se voyait seul, abandonné, sans amis, devant une pierre où était écrit, comme au bout d'un livre enchanteur, le mot FIN. Oui! tout allait finir pour lui. Il voyait par avance le regard froid et railleur, le sourire par lequel ses compagnons accueilleraient le récit de son désastre; il savait que parmi eux, qui hasardaient des sommes importantes sur les tapis verts que Paris dresse à la Bourse, dans les salons, dans les cercles, partout, nul n'en distraierait un billet de banque pour sauver un ami. Chesnel devait être ruiné. Victurnien avait dévoré Chesnel! Toutes les furies étaient dans son cœur et se le partageaient quand il souriait à la duchesse, aux Italiens, dans cette loge où leur bonheur faisait envie à toute la salle. Enfin, pour expliquer jusqu'où il roulait dans l'abîme du doute, du désespoir et de l'incrédulité, lui qui aimait la vie jusqu'à devenir lâche pour la conserver, cet ange la lui faisait si belle! eh bien! il regardait ses pistolets, il allait jusqu'à concevoir le suicide, lui, ce voluptueux mauvais sujet, indigne de son nom. Lui, qui n'aurait pas souffert l'apparence d'une injure, il s'adressait ces horribles remontrances que l'on ne peut entendre que de soi-même.

Il laissa la lettre de du Croisier ouverte sur

son lit : il était neuf heures quand Joséphin la lui remit, et il avait dormi au retour de l'Opéra, quoique ses meubles fussent saisis; mais il avait passé par le voluptueux réduit où la duchesse et lui se retrouvaient pour quelques heures après les fêtes de la Cour, après les bals les plus éclatans, les soirées les plus splendides. Les apparences étaient très habilement sauvées. Ce réduit était une mansarde vulgaire en apparence, mais que les Péris de l'Inde avaient décorée, où madame de Maufrigneuse était obligée en entrant de baisser sa tête chargée de plumes ou de fleurs. A la veille de périr, le comte avait voulu dire adieu à ce nid élégant, bâti par lui qui en avait fait une poésie digne de son ange, et où désormais les œufs enchantés, brisés par le malheur, n'éclorraient plus en blanches colombes, en bengalis brillans, en flamans roses, en mille oiseaux fantastiques qui voltigent encore au-dessus de nos têtes pendant les derniers jours de la vie. Hélas! dans trois jours il fallait fuir, les poursuites pour des lettres de change données à des usuriers étaient arrivées au dernier terme. Il lui passa par la cervelle une atroce idée.

Fuir avec la duchesse, aller vivre dans un coin ignoré, au fond de l'Amérique du Nord ou du Sud; et fuir avec une fortune en laissant les créanciers nez à nez avec leurs titres.

Pour réaliser ce plan, il suffisait de couper ce bas de lettre signée du Croisier, d'en faire un effet et de le porter chez les Keller. Ce fut un combat affreux, où il y eut des larmes répandues et où l'honneur de la race triompha, mais sous condition : Victurnien voulut être sûr de sa belle Diane, il subordonna l'exécution de son plan à l'assentiment qu'elle donnerait à leur fuite.

Il vint chez la duchesse, rue du Faubourg-Saint-Honoré, il la trouva dans un de ses négligés coquets qui lui coûtaient autant de soins que d'argent, et qui lui permettaient de commencer son rôle d'ange dès onze heures du matin. Madame de Maufrigneuse était à demi-pensive : mêmes inquiétudes la dévoraient; mais elle les supportait avec courage. Parmi les organisations diverses que les physiologistes ont remarquées chez les femmes, il en est une qui a je ne sais quoi de terrible, qui comporte une vigueur d'ame, une lucidité d'aperçus, une promptitude de décision, une insouciance, ou plutôt un parti pris sur certaines choses dont s'effraierait un homme. Ces facultés sont cachées sous les dehors de la faiblesse la plus gracieuse. Ces femmes, seules entre les femmes, offrent la réunion ou plutôt le combat de deux êtres que Buffon ne reconnaissait existans que chez l'homme. Les autres femmes sont entièrement femmes, elles sont entièrement tendres, entièrement mères, entièrement dévouées, entièrement nulles ou ennuyeuses; leurs nerfs sont d'accord avec leur sang et le sang avec leur cœur; mais les femmes comme la duchesse peuvent arriver à tout ce que la sensibilité a de plus élevé, et faire preuve de la plus égoïste insensibilité. L'une des gloires de Molière est d'avoir admirablement peint, d'un seul côté seulement, ces natures de femmes dans la plus grande figure qu'il ait taillée en plein marbre : Célimène! Célimène qui représente la femme aristocratique, comme Figaro, cette seconde édition de Panurge, représente le Peuple. Ainsi, accablée sous le poids de dettes énormes, la duchesse s'était ordonné à elle-même, absolument comme Napoléon oubliait et reprenait à volonté le fardeau de ses pensées, de ne songer à cette avalanche de soucis qu'à un seul moment et pour prendre un parti définitif. Elle avait la faculté de se séparer d'elle-même et de contempler le désastre à quelques pas, au lieu de se laisser enterrer dessous. C'était, certes, grand, mais horrible dans une femme. Entre l'heure de son réveil où elle avait retrouvé toutes ses idées, et l'heure où elle s'était mise à sa toilette, elle avait contemplé le danger dans toute son étendue : la possibilité d'une chute épouvantable. Elle méditait : la fuite en pays étranger, ou aller au Roi et lui déclarer sa dette, ou séduire un riche banquier et payer en jouant à la Bourse avec l'or qu'il lui donnerait, car le Juif serait assez spirituel pour n'apporter que des bénéfices, et ne jamais parler de pertes, délicatesse qui gazerait tout. Ces divers moyens, cette catastrophe, tout avait été délibéré froidement, avec calme, sans trépidation. De même qu'un naturaliste prend le plus magnifique des lépidoptères, et le fiche sur du coton avec une épingle, madame de Maufrigneuse avait ôté son amour de son cœur pour penser à la nécessité du moment, prête à reprendre sa belle passion sur sa ouate immaculée quand elle aurait sauvé sa couronne de duchesse. Point de ces hésitations que Richelieu ne confiait qu'au père Joseph, que Napoléon cacha d'abord à tout le monde, elle s'était dit : ou ceci ou cela. Elle était au coin de son feu, commandant sa toilette pour aller au Bois, si le temps le permettait, quand Victurnien entra.

Malgré ses capacités et son esprit étouffés, le comte était comme aurait dû être cette femme : il avait des palpitations au cœur, il suait dans son harnais de dandy, il n'osait encore porter une main sur une pierre angulaire qui, retirée, allait faire crouler la pyramide de leur mutuelle existence. Il lui en coûtait tant d'avoir une certitude! Les hommee les plus forts aiment à se tromper eux-mêmes sur certaines choses où la vérité connue les humilierait, les offenserait d'eux à eux. Victurnien força sa propre incertitude à venir sur le terrain en lâchant une phrase compromettante.

— Qu'avez-vous? avait été le premier mot de Diane de Maufrigneuse à l'aspect de Victurnien.

— Mais, ma chère Diane, je suis dans un si grand embarras qu'un homme au fond de l'eau et à sa dernière gorgée est heureux en comparaison de moi.

— Bah! fit-elle, des misères, vous êtes un enfant! voyons, dites...

— Je suis perdu de dettes, et arrivé au pied du mur.

— N'est-ce que cela? dit-elle en souriant. Toutes les affaires d'argent s'arrangent d'une manière ou de l'autre, il n'y a d'irréparable que les désastres du cœur.

Mis à l'aise par cette compréhension subite de sa position, Victurnien déroula la brillante tapisserie de sa vie pendant ces trente mois, mais à l'envers et avec talent d'ailleurs, avec esprit surtout. Il déploya dans son récit cette poésie du moment qui ne manque à personne dans les grandes crises, et sut le vernir d'un élégant mépris pour les choses et les hommes. Ce fut aristocratique. La duchesse écoutait comme elle savait écouter : le coude appuyé sur son genou levé très haut, car elle avait le pied sur un tabouret; ses doigts groupés autour de son joli menton, les yeux attachés aux yeux du comte, fixes, mais des myriades de sentimens passaient sous leur bleu comme des lueurs d'orage entre deux nuées; le front calme, la bouche sérieuse d'attention, sérieuse d'amour, les lèvres nouées aux lèvres de Victurnien. Etre écouté ainsi, voyez-vous? c'est à croire que l'amour divin était dans ce cœur. Aussi quand le comte eut proposé la fuite à cette ame attachée à son ame, fut-il obligé de s'écrier : Vous êtes un ange! La belle Maufrigneuse répondait sans avoir encore parlé.

— Bien, bien, dit la duchesse qui au lieu d'être livrée à l'amour qu'elle exprimait était livrée à de profondes combinaisons qu'elle gardait pour elle, il ne s'agit pas de cela, mon ami...

L'*ange* n'était plus que *cela.*

.... Pensons à vous. Oui, nous partirons, le plus tôt sera le mieux; arrangez tout, je vous suivrai. C'est beau de laisser là Paris et le monde. Je vais faire mes préparatifs de manière à ce que l'on ne puisse rien soupçonner.

Ce mot : *Je vous suivrai!* fut dit comme l'eut dit à cette époque Mars pour faire tressaillir trois mille spectateurs. Quand une duchesse de Maufrigneuse offre dans une pareille phrase un pareil sacrifice à l'amour, elle a payé sa dette : il est impossible de lui parler de détails ignobles. Victurnien put d'autant mieux lui cacher les moyens qu'il comptait employer, que Diane se garda bien de le questionner : elle resta conviée, comme le disait de Marsay, au banquet couronné de roses que tout homme devait lui apprêter.

Victurnien ne voulut pas s'en aller sans que cette promesse fût scellée : il avait besoin de puiser du courage dans son bonheur pour se résoudre à une action qui serait, se disait-il, mal interprétée; mais il compta, ce fut sa raison déterminante, sur sa tante et sur son père pour étouffer l'affaire, il comptait même encore sur Chesnel pour trouver quelque transaction. D'ailleurs, *cette affaire* était le seul moyen de faire un emprunt sur les terres de la famille.

Avec trois cent mille francs, le comte et la duchesse iraient vivre heureux, cachés, dans un palais à Venise, il y oublieraient l'univers! ils se racontèrent leur roman par avance.

Le lendemain, Victurnien fit un mandat de trois cent mille francs, et le porta chez les Keller. Les Keller payèrent, ils avaient, en ce moment, des fonds à du Croisier; mais ils le prévinrent par une lettre qu'il ne tirât plus sur eux, sans avis. Du Croisier, très étonné, demanda son compte : on le lui envoya. Ce compte lui expliqua tout : sa vengeance était échue.

Quand Victurnien eut *son* argent, il le porta chez madame de Maufrigneuse, qui serra dans son secrétaire les billets de banque et voulut dire adieu au monde en voyant une dernière fois l'Opéra. Victurnien était rêveur, distrait, inquiet, il commençait à réfléchir. Il pensait que sa place dans la loge de la duchesse pouvait lui coûter cher, qu'il ferait mieux, après avoir mis les trois cent mille francs en sûreté, de courir la poste et de tomber aux pieds de Chesnel en lui avouant son embarras. Avant de sortir, la duchesse lui jeta un adorable regard où éclatait le désir de faire encore quelques adieux à ce nid qu'elle aimait tant! Il perdit une nuit.

Le lendemain, à trois heures, le comte était à l'hôtel de Maufrigneuse, et venait prendre les ordres de la duchesse pour partir au milieu de la nuit.

— Pourquoi partirions-nous? dit-elle. J'ai bien pensé à ce projet. La vicomtesse de Beauséant et la duchesse de Langeais ont disparu. Ma fuite aurait quelque chose de bien vulgaire. Nous ferons tête à l'orage : ce sera beaucoup plus beau. Je suis sûre du succès.

Victurnien eut un éblouissement : il lui sembla que sa peau se dissolvait, et que son sang coulait de tous côtés.

— Qu'avez-vous? s'écria la belle Diane en s'apercevant d'une hésitation que les femmes ne pardonnent jamais. A toutes leurs fantaisies, les gens habiles doivent d'abord dire oui, et suggérer les motifs du non en leur laissant l'exercice de leurs droits de changer à l'infini leurs idées, leurs résolutions et leurs sentimens.

Pour la première fois, Victurnien eut un accès de colère, la colère des gens faibles et poétiques, orage mêlé de pluie, d'éclairs, mais sans tonnerre. Il traita fort mal cet ange sur la foi duquel il avait hasardé plus que sa vie, l'honneur de sa maison.

— Voilà donc, dit-elle, ce que nous trouvons après dix-huit mois de tendresse. Vous me faites mal, bien mal. Allez vous-en ! Je ne veux plus vous voir. J'ai cru que vous m'aimiez, vous ne m'aimez pas !

— Je ne vous aime pas, demanda-t-il foudroyé par ce reproche.

— Non, monsieur.

— Monsieur encore! s'écria-t-il. Ah! si vous saviez ce que je viens de faire pour vous?

— Et qu'avez-vous tant fait pour moi, monsieur, dit-elle, comme si l'on ne devait pas tout faire pour une femme qui a tant fait pour vous ?

— Vous n'êtes pas digne de le savoir, s'écria Victurnien enragé.

— Ah!

Après ce sublime *ah!* Diane pencha sa tête, la mit dans sa main, et demeura froide, immobile, implacable, comme doivent être les anges qui ne partagent aucun des sentimens humains. Quand Victurnien trouva cette femme dans cette pose terrible, il oublia son danger. Ne venait-il pas de maltraiter la créature la plus angélique du monde ? il voulait sa grace, il se mit aux pieds de Diane de Maufrigneuse et les baisa ; il l'implora, il pleura. Le malheureux resta là deux heures faisant mille folies, il rencontra toujours un visage froid, et des yeux où roulaient des larmes par momens, de grosses larmes silencieuses, aussitôt essuyées, afin d'empêcher l'indigne amant de les recueillir. La duchesse jouait une de ces douleurs qui rendent les femmes augustes et sacrées. Deux autres heures succédèrent à ces deux premières heures. Le comte obtint alors la main de Diane, il la trouva froide et sans ame. Cette belle main, pleine de trésors, ressemblait à du bois souple : elle n'exprimait rien ; il l'avait saisie, elle n'était pas donnée. Il ne vivait plus, il ne pensait plus. Il n'aurait pas vu le soleil. Que faire ? que résoudre ? quel parti prendre ?

Dans ces sortes d'occasions, pour conserver son sang-froid, un homme doit être constitué comme ce forçat qui, après avoir volé pendant toute la nuit les médailles d'or de la bibliothèque royale, vient au matin prier son honnête homme de frère de les fondre, s'entend dire : que faut-il faire ? et lui répond : fais-moi du café ! Mais Victurnien tomba dans une stupeur hébêtée dont les ténèbres enveloppèrent son esprit. Sur ces brumes grises passaient, semblables à ces figures que Raphaël a mises sur des fonds noirs, les images des voluptés auxquelles il fallait dire adieu.

La duchesse était inexorable et méprisante. Elle jouait avec un bout d'écharpe en lançant des regards irrités sur Victurnien, elle coquetait avec ses souvenirs mondains, elle parlait à son amant de ses rivaux comme si cette colère la décidait à remplacer par l'un d'eux un homme capable de démentir en un moment vingt-huit mois d'amour.

— Ah! ce ne serait pas ce cher charmant petit Félix de Vandenesse, si fidèle à madame de Mortsauf qui se permettrait une pareille scène: il aimait, celui-là! De Marsay, ce terrible de Marsay, que tout le monde trouvait si tigre, était un de ces hommes forts qui rudoyent les hommes et gardent toutes leurs délicatesses pour les femmes. Montriveau avait brisé sous son pied la duchesse de Langeais, comme Othello avait tué Dedesmona, dans un accès de colère qui attestait l'excès de son amour : ce n'était pas mesquin comme une querelle, il y avait du plaisir à être brisée ainsi! Les hommes blonds, petits, minces et fluets aimaient à tourmenter les femmes, ils ne pouvaient régner que sur ces pauvres faibles créatures; ils aimaient pour avoir une raison de se croire des hommes. La tyrannie de l'amour était leur seule chance de pouvoir. Elle ne savait pas pourquoi elle s'était mise sous la domination d'un homme blond. De Marsay, Montriveau, Vandenesse étaient bruns, ils avaient un rayon de soleil dans les yeux.

Ce fut un déluge d'épigrammes qui passèrent en sifflant comme des balles. Diane lançait trois flèches dans un mot : elle humiliait, elle piquait, elle blessait à elle seule comme dix sauvages savent blesser quand ils veulent faire souffrir leur ennemi lié à un poteau.

Le comte lui cria dans un accès d'impatience :

— Vous êtes folle!

Il sortit, Dieu sait en quel état! Il conduisit son cheval comme s'il n'eût jamais mené. Il accrocha des voitures, il alla donner contre une borne dans la place Louis XV, il alla sans savoir où. Son cheval ne se sentant pas tenu, s'enfuit par le quai d'Orsay à son écurie. En tournant la rue de l'Université, le cabriolet fut arrêté par Joséphin.

— Monsieur, dit le vieillard d'un air effaré, vous ne pouvez pas rentrer chez vous, la garde est venue pour vous arrêter...

Victurnien mit le compte de cette arrestation sur le mandat qui ne pouvait pas encore être arrivé chez le procureur du roi, et non sur ses véritables lettres de change qui se remuaient depuis quelques jours sous forme de jugemens en règle et que la main des gardes du commerce mettait en scène avec accompagnement d'espions, de recors, de juges de paix, commissaires de police, gendarmes et autres représentans de l'ordre social. Comme la plupart des criminels, Victurnien ne pensait plus qu'à son crime.

— Je suis perdu, s'écria-t-il.

— Non, monsieur le comte, poussez en avant, allez à l'*Hôtel du Bon Lafontaine*, rue de Grenelle. Vous y trouverez mademoiselle Armande qui est arrivée, les chevaux sont mis à sa voiture, elle vous attend et vous emmènera.

Dans son trouble, Victurnien saisit cette branche offerte à portée de sa main, au sein de ce naufrage. Il courut à cet hôtel, y trouva, y embrassa sa tante qui pleurait comme une Madeleine : on eût dit la complice des fautes de son neveu. Tous deux montèrent en voiture, et quelques instans après ils furent hors Paris, sur la route de Brest. Victurnien anéanti demeurait dans un profond silence. Quand la tante et le neveu se parlèrent, ils furent l'un et l'autre victimes du fatal quiproquo qui avait jeté sans réflexion, Victurnien dans les bras de mademoiselle Armande : le neveu pensait à son faux, la tante pensait aux dettes et aux lettres de change.

— Vous savez tout, ma tante, lui dit-il.

— Oui, mon pauvre enfant, mais nous sommes-là. Dans ce moment-ci, je ne te gronderai pas, reprends courage.

— Il faudra me cacher.

— Peut-être ! oui, cette idée est excellente.

— Si je pouvais entrer chez Chesnel sans être vu, en calculant notre arrivée au milieu de la nuit.

— Ce sera mieux, nous serons plus libres de tout cacher à mon frère. Pauvre ange!

comme il souffre, dit-elle en caressant cet indigne enfant.

— Oh maintenant, je comprends le déshonneur, il a refroidi mon amour.

— Malheureux enfant! tant de bonheur et tant de misère!

Mademoiselle Armande tenait la tête brûlante de son neveu sur sa poitrine, elle baisait ce front en sueur malgré le froid, comme les saintes femmes durent baiser le front du Christ en le mettant dans son suaire.

Selon son excellent calcul, cet enfant prodigue fut nuitamment introduit dans la paisible maison de la rue du Bercail; mais le hasard fit qu'en y venant, il se jetait, suivant une expression proverbiale, dans la gueule du loup. Chesnel avait la veille traité de son étude avec le premier clerc de monsieur Lepressoir, le notaire des libéraux, comme il était le notaire de l'aristocratie. Ce jeune clerc appartenait à une famille assez riche pour pouvoir donner à Chesnel une somme importante en à-compte, cent mille francs.

— Avec cent mille francs, se disait en ce moment le vieux notaire qui se frottait les mains, on éteint bien des créances. Le jeune homme a des dettes usuraires, nous le renfermerons ici. J'irai là-bas, moi, faire capituler ces chiens-là!

Chesnel, l'honnête Chesnel, le vertueux Chesnel, le digne Chesnel appelait *des chiens* les créanciers de son enfant d'amour, le comte Victurnien.

Le futur notaire quittait la rue du Bercail, lorsque la calèche de mademoiselle Armande y entrait. La curiosité naturelle à tout jeune homme qui eût vu, dans cette ville, à cette heure, une calèche s'arrêter à la porte du vieux notaire, était suffisamment éveillée pour faire rester le premier clerc dans l'enfoncement d'une porte, d'où il aperçut mademoiselle Armande.

— Mademoiselle Armande d'Esgrignon, à cette heure ! Que se passe-t-il donc chez les d'Esgrignon ? se dit-il.

A son aspect, Chesnel la reçut assez mystérieusement, en rentrant la lumière qu'il tenait à la main. En voyant Victurnien, au premier mot que lui dit à l'oreille mademoiselle Armande, le bonhomme comprit tout, il regarda dans la rue, la trouva silencieuse et tranquille, il fit un signe, le jeune comte s'élança de la calèche dans la cour. Tout fut perdu, la retraite de Victurnien était connue du successeur de Chesnel.

— Ah ! monsieur le comte ! s'écria l'ex-notaire quand Victurnien fut installé dans une chambre qui donnait dans le cabinet de Chesnel et où l'on ne pouvait pénétrer qu'en passant sur le corps du bonhomme.

— Oui, monsieur, répondit le jeune homme

en comprenant l'exclamation de son vieil ami, je ne vous ai pas écouté, je suis au fond d'un abîme où il faudra périr.

— Non, non, dit le bonhomme en regardant triomphalement mademoiselle Armande et le comte. J'ai vendu mon étude. Il y avait bien long-temps que je travaillais et que je pensais à me retirer. J'aurai demain, à midi, cent mille francs avec lesquels on peut arranger bien des choses. Mademoiselle, dit-il, vous êtes fatiguée, remontez en voiture, et rentrez vous coucher. A demain les affaires.

— Il est en sûreté? répondit-elle en montrant Victurnien.

— Oui, dit le vieillard.

Elle embrassa son neveu, lui laissa quelques larmes sur le front, et partit.

— Mon bon Chesnel, à quoi serviront vos cent mille francs dans la situation où je me trouve? dit le comte à son vieil ami quand ils se mirent à causer d'affaires. Vous ne connaissez pas, je le crois, l'étendue de mes malheurs.

Victurnien expliqua son affaire. Chesnel resta foudroyé. Sans la force de son dévoûment, il aurait succombé sous ce coup. Deux ruisseaux de larmes coulèrent de ses yeux, qu'on aurait cru desséchés. Il redevint enfant pour quelques instans. Pendant quelques instans il fut insensé comme un homme qui verrait brûler sa maison, et à travers une fenêtre, flamber le berceau de ses enfans, et leur cheveux siffler en se consumant. Il se *dressa en pied*, eût dit Amyot, il sembla grandir, il leva ses vieilles mains, il les agita par des gestes désespérés et fous.

— Que votre père meure sans jamais rien savoir, jeune homme! C'est assez d'être faussaire, ne soyez point parricide? Fuir? Non, ils vous condamneraient par contumace. Malheureux enfant, pourquoi n'avez-vous pas contrefait ma signature à moi : moi j'aurais payé. Moi, je n'aurais pas porté le titre chez le procureur du Roi? Moi, je ne puis plus rien. Vous m'avez acculé dans le dernier trou de l'Enfer. Du Croisier! que devenir? que faire? Si vous aviez tué quelqu'un, cela s'excuse encore; mais un faux! un faux. Et le temps, le temps qui s'envole, dit-il en montrant sa vieille pendule par un geste menaçant. Il faut un faux passeport, maintenant : le crime attire le crime. Il faut... dit-il en faisant une pause. Il faut avant tout sauver la maison.

— Mais, s'écria Victurnien, l'argent est encore chez madame de Maufrigneuse.

— Ah! s'écria Chesnel. Eh bien, il y a quelque espoir bien faible : pourrons-nous attendrir du Croisier, l'acheter? il aura s'il le veut tous les biens de la maison. J'y vais, je vais le réveiller, lui offrir tout. D'ailleurs, ce n'est pas vous qui aurez fait le faux, ce sera moi. J'irai aux galères, j'ai passé l'âge des galères, on ne pourra que me mettre en prison.

— Mais j'ai écrit le corps du mandat, dit Victurnien.

— Imbécile! Pardon, monsieur le comte. Il fallait le faire écrire par Joséphin, s'écria le vieux notaire enragé. C'est un bon garçon, il aurait eu tout sur le dos. C'est fini, le monde croule, reprit le vieillard affaissé qui s'assit. Du Croisier est un tigre, gardons-nous de le réveiller. Quelle heure est-il? Où est le mandat? à Paris, on le rachèterait chez les Keller, ils s'y prêteraient. Ah! c'est une affaire où tout est péril, une seule fausse démarche nous perd. En tout cas, il faut l'argent. Allons, personne ne vous sait ici, vivez enterré dans la cave, s'il le faut. Moi, je vais à Paris, j'y cours, j'entends venir la malle-poste de Brest.

En un moment, le vieillard retrouva les facultés de sa jeunesse, son agilité, sa vigueur : il se fit un paquet de voyage, prit de l'argent, mit un pain de six livres dans la petite chambre, et y enferma son enfant d'adoption.

— Pas de bruit, lui dit-il, restez-là jusqu'à mon retour, sans lumière la nuit, ou sinon vous allez au bagne! M'entendez-vous, monsieur le comte? oui, au bagne, si, dans une ville comme la nôtre, quelqu'un vous savait là.

Puis Chesnel sortit de chez lui, après avoir ordonné à la gouvernante de le dire malade, de ne recevoir personne, de renvoyer tout le monde, et de remettre toute espèce d'affaire à trois jours. Il alla séduire le directeur de la poste, lui raconta un roman, car il eut le génie d'un romancier habile : il obtint, au cas où il y aurait une place, d'être pris sans passeport, et il se fit promettre le secret sur ce départ précipité. La malle arriva heureusement vide.

Chesnel était le lendemain dans la nuit à Paris.

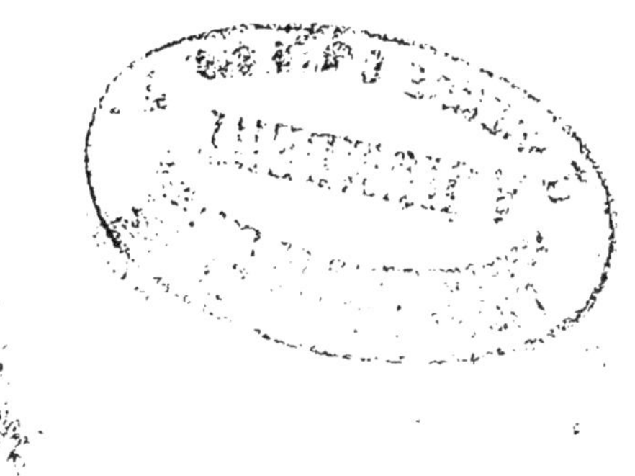

CHAPITRE V.

CHESNEL AU SECOURS DES D'ESGRIGNON.

A neuf heures du matin, le notaire était chez les Keller, il y apprit que le fatal mandat était retourné depuis trois jours à du Croisier; mais tout en prenant ses informations, il n'y avait rien dit de compromettant. Avant de quitter les banquiers, il leur demanda si, en rétablissant les fonds, ils pouvaient faire revenir cette pièce. François Keller répondit que la pièce était entre les mains de du Croisier, qui seul était maître de la garder ou de la renvoyer.

Le vieillard au désespoir alla chez la duchesse. A cette heure, madame de Maufrigneuse ne recevait personne. Chesnel sentait le prix du temps, il s'assit dans l'antichambre, écrivit quelques lignes, et les fit parvenir à madame de Maufrigneuse, en séduisant, en fascinant, en intéressant, en commandant les domestiques les plus insolens, les plus inaccessibles du monde. Quoiqu'elle fut encore au lit, la duchesse, au grand étonnement de sa maison, reçut le vieil homme en culottes noires, en bas drapés, en souliers agrafés, dans sa chambre.

— Qu'y a-t-il, monsieur, dit-elle en se posant dans son désordre, que veut-il de moi, l'ingrat ?

— Il y a, madame la duchesse, s'écria le bonhomme, que vous avez cent mille écus à nous.

— Oui, dit-elle. Que signifient.....

— Cette somme est le résultat d'un faux qui nous mène aux galères, et que nous avons fait par amour pour vous, dit vivement Chesnel. Comment ne l'avez-vous pas deviné, vous qui êtes si spirituelle? Au lieu de gronder le jeune homme, vous auriez dû le questionner, et le sauver en l'arrêtant à propos. Maintenant, Dieu veuille que le malheur ne soit pas irréparable. Nous allons avoir besoin de tout votre crédit auprès du Roi.

Aux premiers mots qui lui expliquèrent l'affaire, la duchesse honteuse de sa conduite avec un amant aussi passionné, craignant d'être soupçonnée de complicité, voulant montrer qu'elle avait conservé l'argent sans y toucher, oublia toute convenance, et ne compta pas d'ailleurs ce notaire pour un homme. Elle jeta son édredon par un mouvement violent, s'élança vers son secrétaire en passant devant le notaire comme un de ces anges qui traversent les vignettes de Lamartine, et se remit confuse au lit, après avoir tendu les cent mille écus à Chesnel.

— Vous êtes un ange, madame, dit-il.

Elle devait être un ange pour tout le monde!

— Mais ce ne sera pas tout, reprit le notaire, je compte sur votre appui pour nous sauver.

— Vous sauver! j'y réussirai ou je périrai. Il faut bien aimer pour ne pas reculer devant un crime. Pour quelle femme a-t-on fait pareille chose? Pauvre enfant! Allez, ne perdez pas de temps, cher monsieur Chesnel. Comptez sur moi comme sur vous-même.

— Madame la duchesse, madame la duchesse!

Le vieux notaire ne put rien dire que ces mots, il était saisi, il pleurait, il lui prit envie de danser, mais il eut peur de devenir fou, il se contint.

— A nous deux, nous le sauverons, dit-il en s'en allant.

Chesnel alla voir aussitôt Joséphin qui lui ouvrit le secrétaire et la table où étaient les papiers du jeune comte, il y trouva très heureusement quelques lettres de du Croisier et des Keller, qui pouvaient devenir utiles. Puis, il prit une place dans une diligence qui partait immédiatement. Il paya les postillons de manière à faire aller la lourde voiture aussi vite que la malle : il rencontra deux voyageurs aussi pressés que lui, et ils s'accordèrent tous pour faire leurs repas en voiture. La route fut comme dévorée. Le notaire rentra rue du Bercail, après trois jours d'absence. Il était onze heures avant minuit, mais il était trop tard. Chesnel aperçut des gendarmes à sa porte, et quand il en atteignit le seuil, il vit dans sa cour le jeune comte arrêté. Certes, s'il en avait eu le pouvoir, il aurait tué tous les gens de justice et les soldats, mais il ne put que se jeter au cou de Victurnien.

— Si je ne réussis pas à étouffer l'affaire, il faudra vous tuer avant que l'acte d'accusation ne soit dressé, lui dit-il à l'oreille.

Victurnien était dans un tel état de stupeur, qu'il regarda le notaire sans le comprendre.

— Me tuer, répéta-t-il.

— Oui! Si vous n'en aviez pas le courage, mon enfant, comptez sur moi, lui dit Chesnel en lui serrant la main.

Il resta, malgré la douleur que lui causait ce spectacle, planté sur ses deux jambes tremblantes, à regarder son fils de cœur, le comte d'Esgrignon, l'héritier de cette grande maison, marchant entre les gendarmes, entre le commissaire de police de la ville, le juge de paix, et l'huissier du parquet. Le vieillard ne recouvra sa résolution et sa présence d'esprit que quand cette troupe eut disparu, qu'il n'entendit plus le bruit des pas, et que le silence se fut rétabli.

— Monsieur, vous allez vous enrhumer, lui dit Brigitte.

— Que le diable t'emporte! s'écria le notaire exaspéré.

Brigitte, qui n'avait rien entendu de pareil depuis vingt-neuf ans qu'elle servait Chesnel, laissa tomber sa chandelle; mais sans prendre garde à l'épouvante de Brigitte, le maître, qui n'entendit pas l'exclamation de sa gouvernante, se mit à courir vers le Val-Noble.

— Il est fou, se dit-elle. Après tout, il y a de quoi. Mais où va-t-il? il m'est impossible de le suivre. Que deviendra-t-il? irait-il se noyer.

Brigitte réveilla le premier clerc, et l'envoya surveiller les bords de la rivière.

Chesnel se rendait à l'hôtel de du Croisier. Il n'y avait plus d'espoir que là. Les crimes de faux ne peuvent être poursuivis que sur des plaintes privées. Si du Croisier voulait s'y prêter, il était encore possible de faire passer la plainte pour un mal entendu, Chesnel espérait encore acheter cet homme.

Pendant cette soirée, il était venu beaucoup plus de monde qu'à l'ordinaire chez monsieur et madame du Croisier. Quoique cette affaire eût été tenue secrète entre le président du tribunal, monsieur du Ronceret, monsieur Sauvager, premier substitut du procureur du roi et monsieur du Coudrai, l'ancien conservateur des hypothèques destitué pour avoir mal voté; mesdames du Ronceret et du Coudrai l'avaient confiée sous le secret, à une ou deux amies intimes. La nouvelle avait donc couru dans la société mi-parti de noblesse et de bourgeoisie qui se donnait rendez-vous chez monsieur du Croisier. Chacun sentait la gravité d'une affaire semblable, et n'osait en parler ouvertement. L'attachement de madame du Croisier à la haute noblesse était d'ailleurs si connu qu'à peine se hasarda-t-on à chuchotter quelque chose du malheur qui arrivait aux d'Esgrignon en se demandant des éclaircissemens. Les principaux intéressés attendirent, pour en causer, l'heure à laquelle la bonne madame du Croisier faisait sa retraite vers sa chambre à coucher, où elle accomplissait ses devoirs religieux loin des regards de son mari.

Au moment où la dame du logis disparut, les adhérens de du Croisier qui connaissaient le secret et les plans de ce grand industriel se comptèrent, ils virent encore dans le salon des personnes que leurs opinions ou leurs intérêts rendaient suspectes, ils continuèrent à jouer. Vers onze heures et demie, il ne resta plus que les intimes, monsieur Sauvager, monsieur Camusot, le juge d'instruction et sa femme, monsieur et madame du Ronceret, leur fils Félicien, monsieur et madame du Coudrai, Joseph Blondet, fils aîné d'un vieux juge, en tout dix personnes.

On raconte que Talleyrand, dans une fatale nuit, à trois heures du matin, jouant chez la duchesse de Luynes, interrompit le jeu, posa sa montre sur la table, demanda aux joueurs si le prince de Condé avait d'autre enfant que le duc d'Enghien. — Pourquoi demandez-vous une chose que vous savez si bien, répondit madame de Luynes. — C'est que si le prince n'a pas d'autre enfant, la maison de Condé est finie. Après un moment de silence, on reprit le jeu.

Ce fut par un mouvement semblable que procéda le président du Ronceret, soit qu'il connût ce trait de l'histoire contemporaine, soit que les petits esprits ressemblent aux grands dans les expressions de la vie politique. Il regarda sa montre, et dit en interrompant le boston :
— En ce moment, on arrête monsieur le comte

d'Esgrignon, et cette maison si fière est à jamais déshonorée.

— Vous avez donc mis la main sur l'enfant, s'écria joyeusement du Coudrai.

Tous les assistans, moins le président, le substitut et du Croisier, manifestèrent un étonnement subit.

— Il vient d'être arrêté dans la maison de Chesnel où il s'était caché, dit le substitut en prenant l'air d'un homme capable et méconnu qui devrait être ministre de la police.

Ce monsieur Sauvager, premier substitut, était un jeune homme de vingt-cinq ans, maigre et grand, à figure longue et olivâtre, à cheveux noirs et crêpus, les yeux enfoncés et bordés en dessous d'un large cercle brun répété au-dessus par ses paupières ridées et bistrées. Il avait un nez d'oiseau de proie, une bouche serrée, les joues laminées par l'étude et creusées par l'ambition. Il offrait le type de ces êtres secondaires à l'affût des circonstances, prêts à tout faire pour parvenir, mais en se tenant dans les limites du possible et dans le décorum de la légalité. Son air important annonçait admirablement sa faconde servile. Le secret de la retraite du jeune comte lui avait été dit par le successeur de Chesnel, et il en faisait honneur à sa pénétration.

Cette nouvelle parut vivement surprendre le juge d'instruction, monsieur Camusot qui, sur le réquisitoire de Sauvager, avait décerné le mandat d'arrêt si promptement exécuté. Camusot était un homme d'environ trente ans, petit, déjà gras, blond, à chair molle, à teint livide comme celui de presque tous les magistrats qui vivent enfermés dans leurs cabinets ou leurs salles d'audience. Il avait de petits yeux jaune clair, pleins de cette défiance qui passe pour de la ruse.

Madame Camusot regarda son mari comme pour lui dire : — N'avais-je pas raison?

— Ainsi l'affaire aura lieu? dit le juge d'instruction.

— En douteriez-vous? reprit du Coudrai. Tout est fini puisqu'on tient le comte.

— Il y a le jury, dit monsieur Camusot. Pour cette affaire, monsieur le Préfet saura le composer de manière à ce qu'avec les récusations ordonnées au parquet et celles de l'accusé, il ne reste que des personnes favorables à l'acquittement. Mon avis serait de transiger.

— Transiger, dit le président, mais la Justice est saisie.

— Acquitté ou condamné, le comte d'Esgrignon n'en sera pas moins déshonoré, dit le Substitut.

— Je suis partie civile, dit du Croisier, j'aurai Dupin l'aîné. Nous verrons comment la maison d'Esgrignon se tirera de ses griffes.

— Elle saura se défendre, et choisir un avocat à Paris, elle vous opposera Berryer, dit madame Camusot. A bon chat, bon rat.

Du Croisier, monsieur Sauvager et le président du Ronceret regardèrent le juge d'instruction en proie à une même pensée. Le ton et la manière avec lesquels la jeune femme jeta son proverbe à la face des huit personnes qui complotaient la perte de la maison d'Esgrignon leur causa des émotions que chacune d'elles dissimula comme savent dissimuler les gens de province, habitués par leur cohérence continue aux ruses de la vie monacale. La petite madame Camusot remarqua le changement des visages qui se composèrent dès que l'on eut flairé l'opposition probable du juge aux desseins de du Croisier. En voyant son mari dévoiler le fond de sa pensée, elle avait voulu sonder la profondeur de ces haines, et deviner par quel intérêt du Croisier s'était attaché le premier substitut qui avait agi si précipitamment et si contrairement aux vues du Pouvoir.

— Dans tous les cas, dit-elle, si dans cette affaire il vient de Paris des avocats aussi célèbres, elle nous promet des séances de cour d'assises bien intéressantes ; mais l'affaire expirera entre le Tribunal et la Cour royale. Il est à croire que le gouvernement fera secrètement tout ce qu'on peut faire pour sauver un jeune homme qui appartient à de grandes familles, et qui a la duchesse de Maufrigneuse pour maîtresse. Ainsi je ne crois pas que nous ayons de scandale à Landernau.

— Comme vous y allez, madame, dit sévèrement le président. Croyez-vous que le tribunal qui instruira l'affaire et la jugera d'abord, soit influençable par des considérations étrangères à la justice ?

— L'événement prouve le contraire, dit-elle avec malice en regardant le substitut et le président qui lui jetèrent un regard froid.

— Expliquez-vous, madame? dit le substitut. Vous parlez comme si nous n'avions pas fait notre devoir.

— Les paroles de madame, n'ont aucune valeur, dit Camusot.

—Mais celles de monsieur le président n'ont-elles pas préjugé une question qui dépend de l'instruction, reprit-elle. Cependant l'instruction est encore à faire et le tribunal n'a pas encore prononcé.

— Nous ne sommes pas au Palais, lui répondit le substitut avec aigreur, et d'ailleurs nous savons tout cela.

— Monsieur le procureur du roi ignore tout encore, lui répliqua-t-elle en le regardant avec ironie. Il va revenir de la Chambre des députés en toute hâte. Vous lui avez taillé de la besogne, il portera sans doute lui-même la parole.

Le substitut fronça ses gros sourcils touffus, et les intéressés virent écrits sur son front de tardifs scrupules. Il se fit alors un grand silence pendant lequel on n'entendit que jeter et relever les cartes.

Monsieur et madame Camusot se virent très froidement traités, ils sortirent pour laisser les conspirateurs parler à leur aise.

— Camusot, lui dit sa femme dans la rue, tu t'es trop avancé. Pourquoi faire soupçonner à ces gens que tu ne trempes pas dans leurs plans? ils te joueront quelque mauvais tour.

— Que peuvent-ils contre moi, je suis le seul juge d'instruction.

— Ne peuvent-ils pas te calomnier sourdement et provoquer tá destitution.

En ce moment, le couple fut heurté par Chesnel. Le vieux notaire reconnut le juge d'instruction. Avec la lucidité des gens rompus aux affaires, il comprit que la destinée de la maison d'Esgrignon était entre les mains de ce jeune homme.

— Ah! monsieur, s'écria le bonhomme, nous allons avoir bien besoin de vous. Je ne veux vous dire qu'un mot. Pardonnez-moi, madame, dit-il à la femme du juge en lui arrachant son mari.

En bonne conspiratrice, madame Camusot regarda du côté de la maison de du Croisier, afin de rompre le tête-à-tête au cas où quelqu'un en sortirait; mais elle jugeait avec raison les ennemis occupés à discuter l'incident qu'elle avait jeté à travers leurs plans.

Chesnel entraîna le juge dans un coin sombre, le long du mur, et s'approcha de son oreille.

— Le crédit de la duchesse de Maufrigneuse, celui des ducs de Navarreins, de Lenoncourt, le garde-des-sceaux, le chancelier, le roi, tout vous est acquis si vous êtes pour la maison d'Esgrignon, lui dit-il. J'arrive de Paris, je savais tout, j'ai couru tout expliquer à la Cour. Nous comptons sur vous et je vous garderai le secret. Si vous nous êtes ennemi, je repars demain pour Paris et dépose entre les mains de Sa Grandeur une plainte en suspicion légitime contre le tribunal, dont sans doute plusieurs membres étaient ce soir chez du Croisier, y ont bu, y ont mangé contrairement aux lois, et qui d'ailleurs sont ses amis.

Chesnel, aurait fait intervenir le Père Éternel s'il en avait eu le pouvoir, il laissa le juge sans attendre de réponse, et s'élança comme un faon vers la maison de du Croisier.

Sommé par sa femme de lui révéler les confidences de Chesnel, le juge obéit et fut assailli par ce : — N'avais-je pas raison, mon ami? que les femmes disent aussi quand elles ont tort, mais moins doucement. En arrivant chez lui, Camusot avait confessé la supériorité de sa femme et reconnu le bonheur de lui appartenir, aveu qui prépara sans doute une heureuse nuit aux deux époux.

Chesnel rencontra le groupe de ses ennemis qui sortaient de chez du Croisier, et craignit de le trouver couché, ce qu'il eût regardé comme un malheur: il était dans une de ces circonstances qui demandent de la promptitude.

— Ouvrez de par le Roi, cria-t-il au domestique qui fermait le vestibule.

Il venait de faire arriver le Roi auprès d'un petit juge ambitieux, il avait gardé ce mot sur ses lèvres, il s'embrouillait, il délirait. On ouvrit. Le notaire s'élança comme la foudre dans l'antichambre.

— Mon garçon, dit-il au domestique, cent écus pour toi si tu peux réveiller madame du Croisier et me l'envoyer à l'instant. Dis-lui tout ce que tu voudras.

Chesnel devint calme et froid en ouvrant la porte du brillant salon où du Croisier se promenait seul à grands pas. Ces deux hommes se mesurèrent alors pendant un moment par un regard qui avait en profondeur vingt ans de haine et d'inimitié. L'un avait le pied sur le cœur de la maison d'Esgrignon, l'autre s'avançait avec la force d'un lion pour la lui arracher.

— Monsieur, dit Chesnel, je vous salue humblement. Votre plainte a été déposée.

— Oui, monsieur.

— Depuis quand?

— Depuis hier.

— Aucun autre acte que le mandat d'arrêt n'est lancé?

— Je le pense, répliqua du Croisier.

— Je viens traiter.

— La justice est saisie, la vindicte publique aura son cours, rien ne peut l'arrêter.

— Ne nous occupons pas de cela, je suis à vos ordres, à vos pieds.

Le vieux Chesnel tomba sur ses genoux, et tendit ses mains suppliantes à du Croisier.

— Que vous faut-il? Voulez-vous *nos* biens! *notre* château! prenez tout, retirez la plainte, ne *nous* laissez que la vie et l'honneur. Outre tout ce que j'offre, je serai votre serviteur, vous disposerez de moi.

Du Croisier laissa le vieillard à genoux et s'assit dans un fauteuil.

— Vous n'êtes pas vindicatif, vous êtes bon, vous ne nous en voulez pas assez pour ne pas vous prêter à un arrangement, dit le vieillard. Avant le jour, le jeune homme serait libre.

— Toute la ville sait son arrestation, dit du Croisier qui savourait sa vengeance.

— C'est un grand malheur, mais s'il n'y a ni jugement ni preuves, nous arrangerons bien tout.

Du Croisier réfléchissait, Chesnel le crut aux

prises avec l'intérêt, il eut l'espoir de tenir son ennemi par ce grand mobile des actions humaines. En ce moment suprême, madame du Croisier se montra.

— Venez, madame, aidez-moi à fléchir votre cher mari, dit Chesnel toujours à genoux.

Madame du Croisier releva le vieillard en manifestant la plus profonde surprise. Chesnel raconta l'affaire. Quand la noble fille des intendans des ducs d'Alençon connut ce dont il s'agissait, elle se tourna les larmes aux yeux vers du Croisier.

— Ah ! monsieur, pouvez-vous hésiter ? les d'Esgrignon, l'honneur de la province, lui dit-elle.

— Il s'agit bien de cela, s'écria du Croisier se levant et reprenant sa promenade agitée. Monsieur Chesnel, il s'agit de la France ! il s'agit du pays, il s'agit du peuple, il s'agit d'apprendre à messieurs vos nobles qu'il y a une justice, des lois, une bourgeoisie, une petite noblesse qui les vaut et qui les tient! On ne fourrage pas dix champs de blé pour un lièvre, on ne porte pas le déshonneur dans les familles en séduisant de pauvres filles, on ne doit pas mépriser des gens qui nous valent, on ne se moque pas d'eux pendant dix ans, sans que ces faits ne grossissent, ne produisent des avalanches, et ces avalanches tombent, écrasent, enterrent messieurs les nobles. Vous voulez le retour à l'ancien ordre de choses, vous voulez déchirer le pacte social, cette charte où nos droits sont écrits...

— Après, dit Chesnel.

— N'est-ce pas une sainte mission que d'éclairer le peuple? s'écria du Croisier, il ouvrira les yeux sur la moralité de votre parti quand il verra les nobles aller, comme Pierre ou Jacques, en cour d'assises. On se dira que les petites gens qui ont de l'honneur valent les grandes gens qui se déshonorent. La cour d'assises luit pour tout le monde. Je suis ici le défenseur du peuple, l'ami des lois. Vous m'avez jeté vous-même du côté du peuple à deux reprises, d'abord en refusant mon alliance, puis en me mettant au ban de votre société. Vous récoltez ce que vous avez semé.

Ce début effraya Chesnel aussi bien que madame du Croisier. La femme acquérait une horrible connaissance du caractère de son mari. Ce fut une lueur qui lui éclairait non seulement le passé, mais encore l'avenir. Il paraissait impossible de faire capituler ce colosse; mais Chesnel ne recula point devant l'impossible.

— Quoi! monsieur, vous ne pardonneriez pas, vous n'êtes donc pas chrétien? dit madame du Croisier.

— Je pardonne comme Dieu pardonne, madame, à des conditions.

— Quelles sont-elles? dit Chesnel qui crut apercevoir un rayon d'espérance.

— Les élections vont venir, je veux les voix dont vous disposez.

— Vous les aurez, dit Chesnel.

— Je veux, reprit du Croisier, être reçu, ma femme et moi, familièrement, tous les soirs, avec amitié, en apparence du moins, par monsieur le marquis d'Esgrignon et par les siens.

— Je ne sais pas comment nous l'y amènerons, mais vous serez reçu.

— Je veux une hypothèque de quatre cent mille francs fondée sur une transaction écrite au sujet de cette affaire, afin de toujours tenir un canon chargé sur votre cœur...

— Nous consentons encore, dit Chesnel, sans avouer encore qu'il avait les cent mille écus sur lui; mais elle sera entre mains tierces et rendue à la famille après votre élection et le paiement.

— Non, mais après le mariage de ma petite-nièce, mademoiselle Duval, qui réunira peut-être un jour quatre millions. Cette jeune personne sera instituée mon héritière au contrat et celle de ma femme, vous la ferez épouser à votre jeune comte.

— Jamais! dit Chesnel.

— Jamais, reprit du Croisier enivré de son triomphe. Bonsoir.

— Imbécile que je suis, se dit Chesnel, pourquoi reculais-je devant un mensonge avec un pareil homme?

Du Croisier s'en alla, se plaisant à tout annuler au nom de son orgueil froissé, après avoir joui de l'humiliation de Chesnel, avoir balancé les destinées de la superbe maison en qui se résumait l'aristocratie de la province, et imprimé la marque de son pied sur les entrailles des d'Esgrignon. Il remonta dans sa chambre, en laissant sa femme avec Chesnel.

Dans son ivresse il ne voyait rien contre sa victoire, il croyait fermement que les cent mille écus étaient dissipés; pour les trouver, la maison d'Esgrignon avait besoin de vendre ou d'hypothéquer ses biens; à ses yeux, la cour d'assises était donc inévitable. Les affaires de faux sont toujours arrangeables, quand la somme surprise est restituée. Les victimes de ce crime sont ordinairement des gens riches qui ne se soucient pas d'être la cause du déshonneur d'un homme imprudent. Mais du Croisier ne voulait renoncer à ses droits qu'à bon escient. Il se coucha donc en pensant au magnifique accomplissement de ses espérances, soit par la cour d'assises, soit par ce mariage, et il jouissait d'entendre la voix de Chesnel se lamentant avec madame du Croisier.

Profondément religieuse et catholique, royaliste et attachée à la Noblesse, madame du Croisier partageait les idées de Chesnel à l'égard des d'Esgrignon. Aussi tous ses sentimens venaient-ils d'être cruellement froissés. Cette bonne royaliste avait entendu le hurlement du libéralisme qui, dans l'opinion de son directeur, souhaitait la ruine du catholicisme. Pour elle, le côté gauche était 1793 avec l'émeute et l'échafaud.

— Que dirait votre oncle, ce saint qui nous écoute? s'écria Chesnel.

Madame du Croisier ne répondit que par deux grosses larmes qui coulèrent sur ses joues.

— Vous avez déjà été la cause de la mort d'un pauvre garçon et du deuil éternel de sa mère, reprit Chesnel en voyant combien il frappait juste et qui eût frappé jusqu'à briser ce cœur pour sauver Victurnien, voulez-vous assassiner mademoiselle Armande qui ne survivrait pas huit jours à l'infamie de sa maison? Voulez-vous assassiner le pauvre Chesnel qui tuera le jeune comte dans sa prison avant qu'on ne l'accuse, et qui se tuera pour ne pas aller lui-même en Cour d'assises comme coupable d'un meurtre?

— Mon ami, assez! assez! Je suis capable de tout pour étouffer une semblable affaire, mais je ne connais monsieur du Croisier tout entier que depuis quelques instans... A vous, je puis l'avouer! Il n'y a pas de ressources.

— S'il y en avait? dit Chesnel.

— Je donnerais la moitié de mon sang pour qu'il y en eût, répondit-elle, mais elle acheva sa pensée en hochant la tête d'une façon désespérée.

Semblable au premier consul qui, vaincu dans les champs de Marengo jusqu'à cinq heures du soir, à six heures obtint la victoire par l'attaque désespérée de Desaix et par la terrible charge de Kellermann, Chesnel aperçut les élémens du triomphe au milieu des ruines. Il fallait être Chesnel, il fallait être vieux notaire, vieil intendant, avoir été petit clerc de Maître Sorbier père, il fallait les illuminations soudaines du désespoir, pour être aussi grand que Napoléon, plus grand même : cette bataille n'était pas Marengo, mais Waterloo, et Chesnel voulait vaincre les Prussien s en les voyant arrivés.

— Madame, vous de qui j'ai fait les affaires pendant vingt ans, vous l'honneur de la Bourgeoisie, comme les d'Esgrignon sont l'honneur de la Noblesse de cette province, sachez qu'il dépend maintenant de vous seule de sauver la maison d'Esgrignon. Maintenant répondez? laisserez-vous déshonorer les mânes de votre oncle, les d'Esgrignon, le pauvre Chesnel? Voulez-vous tuer mademoiselle Armande qui pleure? Voulez-vous racheter vos torts en réjouissant vos ancêtres, les intendans des ducs d'Alençon, en consolant les mânes de notre cher abbé qui, s'il pouvait sortir de son cercueil, vous commanderait de faire ce que je vous demande à genoux ?

— Quoi ? s'écria madame du Croisier.

— Hé bien ! voici les cent mille écus, dit-il en tirant de sa poche les paquets de billets de banque. Acceptez-les, tout sera fini.

— S'il ne s'agit que de cela, reprit-elle, et s'il n'en peut rien résulter de mauvais pour mon mari...

— Rien que de bon, dit Chesnel. Vous lui évitez les vengeances éternelles de l'enfer au prix d'un léger désappointement ici-bas.

— Il ne sera pas compromis, demanda-t-elle en regardant Chesnel.

Chesnel lut alors dans le fond de l'ame de cette pauvre femme. Madame du Croisier hésitait entre deux religions, entre les commandemens que l'Église a tracés aux épouses et ses devoirs envers le Trône et l'Autel ; elle trouvait son mari blâmable, et n'osait le blâmer ; elle aurait voulu pouvoir sauver les d'Esgrignon et ne voulait rien faire contre les intérêts de son mari.

— En rien, dit Chesnel, votre vieux notaire vous le jure sur les saints Évangiles...

Chesnel n'avait plus que son salut éternel à offrir à la maison d'Esgrignon, il le risqua en commettant un horrible mensonge, mais il fallait abuser madame du Croisier ou périr. Aussitôt il rédigea lui-même et dicta à madame du Croisier un reçu de cent mille écus daté de cinq jours avant la fatale lettre de change, à une époque où il se rappela une absence faite par du Croisier qui était allé dans les biens de sa femme y ordonner des améliorations.

— Vous me jurez, dit Chesnel quand madame du Croisier eut les cent mille écus et quand il tint cette pièce, de déclarer devant le juge d'instruction que vous avez reçu cette somme au jour dit.

— Ne sera-ce pas un mensonge?

— Officieux, dit Chesnel.

— Je ne saurais le faire sans l'avis de mon directeur, monsieur l'abbé Couturier.

— Eh bien, dit Chesnel, ne vous conduisez dans cette affaire que par ses conseils.

— Je vous le promets.

— Ne remettez la somme à monsieur du Croisier qu'après avoir comparu devant le juge d'instruction.

— Oui, dit-elle. Hélas! que Dieu me prête la force de comparaître devant la justice humaine pour y soutenir un mensonge.

Après avoir baisé la main de madame du

Croisier, Chesnel se dressa majestueusement comme un des prophètes peints par Raphaël au Vatican.

— L'ame de votre oncle tressaille de joie, vous avez à jamais effacé le tort d'avoir épousé l'ennemi du Trône et de l'Autel. .

Ces paroles frappèrent vivement l'ame timorée de madame du Croisier. Chesnel pensa soudain à s'assurer de l'abbé Couturier, le directeur de la conscience de madame du Croisier. Il savait quelle opiniâtreté mettent les gens dévots dans le triomphe de leurs idées, une fois qu'ils se sont avancés pour leur parti, il voulut engager le plus promptement possible l'Église dans cette lutte en la mettant de son côté, il alla donc à l'hôtel d'Esgrignon, réveilla mademoiselle Armande, lui apprit les événemens de la nuit, et la lança sur la route de l'évêché pour amener le prélat lui-même sur le champ de bataille.

— Mon Dieu! sauve donc la maison d'Esgrignon, s'écria Chesnel en revenant chez lui à pas lents. L'affaire devient maintenant une lutte judiciaire. Nous sommes en présence d'hommes qui ont des passions et des intérêts, nous pouvons tout obtenir d'eux. Ce du Croisier a profité de l'absence du procureur du Roi qui nous est dévoué, mais qui, depuis l'ouverture des chambres, est à Paris. Qu'ont-ils donc fait pour empaumer le premier substitut qui a donné suite à la plainte sans avoir consulté son chef? Demain matin, il faudra pénétrer ce mystère, étudier le terrain, et peut-être, après avoir saisi les fils de cette trame, retournerai-je à Paris afin de mettre en jeu les hautes puissances par la main de madame de Maufrigneuse.

Tels étaient les raisonnemens du pauvre vieil athlète qui voyait juste. Il se coucha quasimort sous le poids de tant d'émotions et de tant de fatigues. Néanmoins, avant de s'endormir, il jeta sur les magistrats qui composaient le tribunal, un coup-d'œil scrutateur qui embrassait les pensées secrètes de leurs ambitions, afin de voir quelles étaient ses chances dans cette lutte, et comment ils pouvaient être influencés. Le long examen des consciences que fit Chesnel veut être abrégé, mais, tout en lui donnant une forme succincte, il fournira peut-être un tableau de la magistrature de province.

CHAPITRE VI.

UN TRIBUNAL DE PROVINCE.

La province est le séminaire des ambitions judiciaires. Les juges et les gens du Roi forcés de commencer là leur carrière voient tous Paris à leur début, tous aspirent à briller sur ce vaste théâtre où s'élèvent les grandes causes politiques, où la magistrature est liée aux intérêts palpitans de la société; mais ce paradis des gens de justice admet peu d'élus, et les neuf dixièmes des magistrats de province doivent, tôt ou tard, s'y caser pour toujours. Ainsi tout tribunal, toute cour royale de province offrent deux partis bien tranchés, celui des ambitions lassées d'espérer, contentées par l'excessive considération accordée aux magistrats en province par le rôle qu'ils y jouent, ou endormies par une vie tranquille; puis celui des jeunes gens auxquels l'envie de parvenir que nulle déception n'a tempérée, donne une sorte de fanatisme pour leur sacerdoce.

A cette époque, le royalisme animait les jeunes magistrats contre les ennemis des Bourbons. Chacun d'eux rêvait réquisitoires, appelait de tous ses vœux un de ces procès politiques qui mettaient le zèle en relief, attiraient l'attention du ministère et faisaient avancer les gens du Roi. Qui, parmi eux, ne jalousait la Cour dans le ressort de laquelle éclatait une conspiration bonapartiste? Qui ne souhaitait trouver un Caron, un Berton, une levée de boucliers? Ces ardentes ambitions, stimulées par la grande lutte des partis, appuyées sur la raison d'état et sur la nécessité de monarchiser la France, étaient lucides, prévoyantes, perspicaces; elles faisaient avec rigueur la police, espionnaient les populations et les poussaient dans la voie de l'obéissance d'où elles ne doivent pas sortir. La Justice alors fanatisée par la foi monarchique réparait les torts des anciens parlemens, et marchait d'accord avec la Religion, trop ostensiblement peut-être. Elle fut alors plus zélée qu'habile, elle pécha moins par machiavélisme que par la sincérité de ses vues qui parurent hostiles aux intérêts généraux du Pays, qu'elle essayait de mettre à l'abri des révolutions. Mais, prise dans son ensemble, la justice contenait encore trop d'élémens bourgeois, elle était encore trop accessible aux passions mesquines du libéralisme, elle devait devenir tôt ou tard constitutionelle et se ranger du côté de la bourgeoisie au jour d'une lutte. Dans ce grand córps, comme dans l'administration, il y eut de l'hypocrisie, ou pour mieux dire, un esprit d'imitation qui porte la France à toujours se modeler sur la Cour, et à la tromper ainsi très innocemment.

Ces deux sortes de physionomies judiciaires existaient au tribunal où s'allait décider le sort du jeune d'Esgrignon. Monsieur le président du Ronceret, un vieux juge nommé Blondet y représentaient ces magistrats, résignés à n'être que ce qu'ils sont et casés pour toujours dans leur ville. Le parti jeune et ambitieux comptait monsieur Camusot, le juge d'instruction et monsieur de Grandville, le fils cadet d'un magistrat de Paris, nommé juge-suppléant, envoyé là pour apprendre le métier, en attendant la première occasion d'entrer dans le ressort de la Cour royale de Paris.

Mis à l'abri de toute destitution par l'inamovibilité judiciaire et ne se voyant pas accueilli suivant l'importance qu'il se donnait par l'aristocratie, le président du Ronceret avait pris parti pour la Bourgeoisie en donnant à son désappointement le vernis de l'indépendance, sans savoir que ses opinions le condamnaient à rester président toute sa vie. Une fois engagé dans cette voie, il fut conduit par la logique des choses, à mettre son espérance d'avancement dans le triomphe de du Croisier et du côté gauche. Il ne plaisait pas plus à la Préfecture qu'à la Cour royale. Forcé de garder des ménagemens avec le pouvoir, il était suspect aux libéraux. Il n'avait ainsi de place dans aucun parti. Obligé de laisser la candidature électorale à du Croisier, il se voyait sans influence et jouant un rôle secondaire. La fausseté de sa position réagissait sur son caractère, il était aigre et mécontent. Fatigué de son ambiguité politique, il avait résolu secrètement de se mettre à la tête du parti libéral et de dominer ainsi du Croisier. Sa conduite dans l'affaire du comte d'Esgrignon fut son premier pas dans la carrière. Il représentait admirablement déjà cette Bourgeoisie qui, plus tard, devait offrir plus d'une épreuve de ce type, et qui offusque de ses petites passions les grands intérêts du pays, quinteuse en politique, aujourd'hui pour et demain contre le pouvoir, qui compromet tout et ne sauve rien, désespérée du mal qu'elle a fait et continuant à l'engendrer, ne voulant pas reconnaître sa petitesse, et tracassant le pouvoir en s'en disant la servante, humble et arrogante, demandant au peuple une subordination qu'elle refuse à la Royauté, inquiète des supériorités qu'elle désire mettre à son niveau, comme si la grandeur pouvait être petite, comme si le pouvoir existait sans force.

Ce président était un grand homme mince et sec, à front fuyant, à cheveux grêles et châtains, aux yeux vairons, à teint couperosé, aux lèvres serrées. Sa voix éteinte faisait entendre le sifflement gras de l'asthme. Il avait pour femme une grande créature solennelle et dégingandée qui s'affublait des modes les plus ridicules, et se parait excessivement. La présidente se donnait des airs de reine, elle portait des couleurs vives, et n'allait jamais au bal sans orner sa tête de ces turbans chers aux Anglaises, et que la province cultive avec amour. Riches tous deux de quatre ou cinq mille livres de rente, ils réunissaient avec le traitement de la présidence, une douzaine de mille francs. Malgré leur pente à l'avarice, ils recevaient un jour par semaine afin de satisfaire leur vanité. Fidèle aux vieilles mœurs de la ville où du Croisier introduisait le luxe moderne, monsieur et madame du Ronceret n'avaient fait aucun changement, depuis leur mariage, à l'antique maison où ils demeuraient, et qui appartenait à madame. Cette maison avait une façade sur la cour et l'autre sur un petit jardin; elle présentait sur la rue un vieux pignon triangulaire et grisâtre, percé d'une croisée à chaque étage. La cour et le jardin étaient encaissés par une haute muraille, le long de laquelle s'étendaient dans le jardin une allée de maronniers, et les communs dans la cour. Du côté de la rue, longeant le jardin, il y avait une vieille grille en fer dévorée de rouille, et sur la cour, entre deux panneaux de murs, était une grande porte cochère terminée par une immense coquille. Cette coquille se retrouvait au-dessus de la porte de la façade. Tout était sombre, étouffé, sans air. La muraille mitoyenne offrait des jours grillés comme des fenêtres de prison. Les fleurs avaient l'air de se déplaire dans les petits carrés de ce jardinet, où les passans pouvaient voir par la grille ce qui s'y faisait. Au rez-de-chaussée, après une grande antichambre éclairée sur le jardin, se trouvait le salon dont une des fenêtres donnait sur la rue, et qui avait un perron à porte vitrée sur le jardin. La salle à manger était de l'autre côté de l'antichambre et d'une grandeur égale à celle du salon. Ces trois pièces étaient en harmonie avec cet ensemble mélancolique. Les plafonds étaient tous coupés par deux de ces lourdes solives peintes, ornées au milieu de quelques maigres lozanges à rosaces sculptées qui brisent le regard. Les peintures, de tons criards, étaient vieilles et enfumées. Le salon, décoré de grands rideaux en soie rouge mangée par le soleil, était garni d'un meuble de bois peint en blanc et couvert en vieille tapisserie de Beauvais à couleurs effacées. Sur la cheminée, une pendule du temps de

Louis XV se voyait entre des girandoles extravagantes dont les bougies jaunes ne s'allumaient qu'aux jours où la présidente dépouillait de son enveloppe verte un vieux lustre à pendeloques de cristal de roche. Trois tables de jeu à tapis vert râpé, un trictrac suffisaient aux joies de la compagnie à laquelle madame du Ronceret accordait du cidre, des échaudés, des marrons, des verres d'eau sucrée et de l'orgeat fait chez elle. Depuis quelque temps, elle avait adopté tous les quinze jours un thé enjolivé de pâtisseries assez piteuses. Par chaque trimestre les du Ronceret donnaient un grand dîner à trois services, tambouriné dans la ville, servi dans une détestable vaisselle, mais confectionné avec la science qui distingue les cuisinières de province. Ce repas gargantuesque durait six heures. Le président essayait alors de lutter par une abondance d'avare avec l'élégance de du Croisier.

Ainsi la vie et ses accessoires concordaient chez le président à son caractère et sa fausse position. Il se déplaisait chez lui sans savoir pourquoi ; mais il n'osait y faire aucune dépense pour y changer l'état des choses, il était trop heureux de mettre tous les ans sept ou huit mille francs de côté pour pouvoir établir richement son fils Félicien qui n'avait voulu devenir ni magistrat, ni avocat, ni administrateur, et dont la fainéantise le désespérait. Le président était sur ce point en rivalité avec son vice-président M. Blondet, vieux juge qui depuis long-temps avait lié son fils avec la famille Blandureau. Ces riches marchands de toiles avaient une fille unique à laquelle le président souhaitait de marier Félicien. Comme le mariage de Joseph Blondet dépendait de sa nomination aux fonctions de juge-suppléant, que le vieux Blondet espérait obtenir en donnant sa démission, le président du Ronceret contrariait sourdement les démarches du juge et faisait travailler les Blandureau secrètement. Aussi, sans l'affaire du jeune comte d'Esgrignon, peut-être les Blondet auraient-ils été supplantés par l'astucieux président, dont la fortune était bien supérieure à celle de son compétiteur.

La victime des manœuvres de ce président machiavélique, monsieur Blondet, une de ces curieuses figures enfouies en province comme de vieilles médailles dans une crypte, avait alors environ soixante-sept ans; il portait bien son âge, il était de haute taille, et son encolure rappelait les chanoines du bon temps. Son visage, percé par les mille trous de la petite vérole qui lui avait déformé le nez en le lui tournant en vrille, ne manquait pas de physionomie, il était coloré très également d'une teinte rouge, et animé par deux petits yeux vifs, habituellement sardoniques et par un certain mouvement satirique de ses lèvres violacées.

Avocat avant la révolution, il avait été fait accusateur public; mais il fut le plus doux de ces terribles fonctionnaires. Le bonhomme Blondet, on l'appelait ainsi, avait amorti l'action révolutionnaire en acquiesçant à tout et n'exécutant rien. Forcé d'emprisonner quelques nobles, il avait mis tant de lenteur à leur procès, qu'il leur fit atteindre au neuf thermidor avec une adresse qui lui avait concilié l'estime générale. Certes, le bonhomme Blondet aurait dû être le président du tribunal; mais, lors de la réorganisation des tribunaux, il fut écarté par Napoléon dont l'éloignement pour les républicains reparaissait dans les moindres détails du gouvernement. La qualification d'ancien accusateur public, inscrite en marge du nom de Blondet, fit demander par l'Empereur à Cambacérès s'il n'y avait pas dans le pays quelque rejeton d'une vieille famille parlementaire à mettre à sa place. Du Ronceret, dont le père avait été conseiller au parlement fut donc nommé. Malgré la répugnance de l'empereur, l'archi-chancelier, dans l'intérêt de la justice, maintint Blondet juge, en disant que le vieil avocat était un des plus forts jurisconsultes de France.

Le talent du juge, ses connaissances dans l'ancien droit et plus tard dans la nouvelle législation eussent dû le mener fort loin ; mais, semblable en ceci à quelques grands esprits, il méprisait prodigieusement ses connaissances judiciaires et s'occupait presque exclusivement d'une science étrangère à sa profession, et pour laquelle il réservait ses prétentions, son temps et ses capacités. Le bonhomme aimait passionnément l'horticulture, il était en correspondance avec les plus célèbres amateurs, il avait l'ambition de créer de nouvelles espèces, il s'intéressait aux découvertes de la botanique, il vivait enfin dans le monde des fleurs.

Comme tous les fleuristes, il avait sa prédilection pour une plante choisie entre toutes. Sa favorite était les *Pelargonium*. Le tribunal et ses procès, sa vie réelle n'étaient donc rien auprès de la vie fantastique et pleine d'émotions que menait le vieillard, de plus en plus épris de ses sultanes. Les soins à donner à son jardin, et les douces habitudes de l'horticulteur clouèrent le bonhomme Blondet dans sa serre. Sans cette passion, il eût été nommé député sous l'Empire, il eût sans doute brillé dans le Corps Législatif. Son mariage fut une autre raison de sa vie obscure. A l'âge de quarante ans, il fit la folie d'épouser une jeune fille de dix-huit ans, de laquelle il eut dans la première année de son mariage un fils nommé Joseph. Trois ans après, madame Blondet, alors la plus jolie femme de la ville, inspira au préfet du département une passion qui ne se termina que par sa mort. Elle eut du préfet, au su de toute la ville et du vieux Blondet lui-même, un second fils nommé Alfred. Madame Blondet, qui aurait pu stimuler l'ambition de son mari, qui aurait pu l'emporter sur les fleurs, favorisa le goût du juge pour la botanique, et ne voulut pas plus quitter la ville que le préfet ne voulut changer de préfecture tant que vécut sa maîtresse.

Incapable de soutenir à son âge une lutte avec une jeune femme, le magistrat se consola dans sa serre, et prit une très jolie servante pour soigner son sérail de beautés incessamment diversifiées. Pendant que le juge dépotait, repiquait, arrosait, marcotait, greffait, mariait et panachait ses fleurs, madame Blondet dépensait son bien en toilettes et en modes pour briller dans les salons de la préfecture. Un seul intérêt, l'éducation d'Alfred, qui certes appartenait encore à sa passion, pouvait l'arracher aux soins de cette belle affection, que la ville finit par admirer. Cet enfant de l'amour était aussi joli, aussi spirituel que Joseph était lourd et laid. Le vieux juge aveuglé par l'amour paternel aimait autant Joseph que sa femme chérissait Alfred. Pendant douze ans, monsieur Blondet fut d'une résignation parfaite, il ferma les yeux sur les amours de sa femme en conservant une attitude noble et digne, à la façon des grands seigneurs du dix-huitième siècle; mais, comme tous les gens de goûts tranquilles, il nourrissait une haine profonde contre son fils cadet. En 1818, à la mort de sa femme, il expulsa l'intrus, en l'envoyant faire son droit à Paris sans autre secours qu'une pension de douze cents francs, à laquelle aucun cri de détresse ne lui fit ajouter une obole. Sans la protection de son véritable père, Alfred Blondet eût été perdu.

La maison du juge est une des plus jolies

de la ville. Située presqu'en face de la préfecture, elle a sur la rue principale une petite cour proprette, séparée de la chaussée par une vieille grille de fer contenue entre deux pilastres en brique. Entre chacun de ces pilastres et la maison voisine, se trouvent deux autres grilles assises sur de petits murs également en brique et à hauteur d'appui. Cette cour, large de dix et longue de vingt toises, est divisée en deux massifs de fleurs par le pavé de brique qui mène de la grille à la porte de la maison. Ces deux massifs, renouvelés avec soin, offrent à l'admiration publique leurs triomphans bouquets en toute saison. Du bas de ces deux monceaux de fleurs, s'élance sur le pan des murs des deux maisons voisines un magnifique manteau de plantes grimpantes. Les pilastres sont enveloppés de chèvrefeuilles et ornés de deux vases en terre cuite, où des cactus acclimatés présentent aux regards étonnés des ignorans leurs monstrueuses feuilles hérissées de leurs piquantes défenses, qui semblent dues à une maladie botanique. La maison, bâtie en brique, dont les fenêtres offrent une marge cintrée également en brique, montre sa façade simple, égayée par des persiennes d'un vert vif. Sa porte vitrée permet de voir, par un long corridor au bout duquel est une autre porte vitrée, l'allée principale d'un jardin d'environ deux arpens. Les massifs de ces enclos s'aperçoivent souvent par les croisées du salon et de la salle à manger, qui se correspondent comme celles du corridor. Du côté de la rue, la brique a pris depuis deux siècles une teinte de rouille et de mousse entremêlée de tons verdâtres en harmonie avec la fraîcheur des massifs et de leurs arbustes. Il est impossible au voyageur qui traverse la ville de ne pas aimer cette maison si gracieusement encaissée, fleurie, moussue jusques sur ses toits que décorent deux pigeons en poterie.

Outre cette vieille maison à laquelle rien n'avait été changé depuis un siècle, le juge possédait environ quatre mille livres de rentes en terres. Sa vengeance, assez légitime, consistait à faire passer cette maison, les terres et son siége, à son fils Joseph. La ville entière connaissait ses intentions. Il avait fait un testament en faveur de ce fils, par lequel il l'avantageait de tout ce que le code permet à un père de donner à l'un de ses enfans, au détriment de l'autre. De plus, le bonhomme thésaurisait depuis quinze ans pour laisser à ce niais la somme nécessaire pour rembourser à son frère Alfred la portion qu'on ne pouvait lui ôter.

Chassé de la maison paternelle, Alfred Blondet avait su conquérir une position distinguée à Paris; mais elle était plus morale que positive. Sa paresse, son laissez-aller, son insouciance avaient désespéré son véritable père qui, destitué dans une des réactions ministérielles si fréquentes sous la Restauration, était mort presque ruiné, doutant de l'avenir d'un enfant doué par la nature des plus brillantes qualités. Alfred Blondet était soutenu par l'amitié d'une demoiselle de Troisville, mariée au comte de Montcornet, et qu'il avait connue avant son mariage. Sa mère vivait encore au moment où les Troisville revinrent d'émigration. Madame Blondet tenait à cette famille par des liens éloignés, mais suffisans pour y introduire Alfred. La pauvre femme pressentait l'avenir de son fils, elle le voyait orphelin, pensée qui lui rendait la mort doublement amère. Elle lui cherchait des protecteurs. Elle sut lier Alfred avec l'aînée des demoiselles de Troisville à laquelle il plut infiniment, mais qui ne pouvait l'épouser. Cette liaison fut semblable à celle de Paul et Virginie. Madame Blondet essaya de donner de la durée à cette mutuelle affection qui devait passer comme passent ordinairement ces enfantillages, qui sont comme les *dînettes* de l'amour, en montrant à son fils un appui dans la famille Troisville. Quand, déjà mourante, madame Blondet apprit le mariage de mademoiselle de Troisville avec le général Montcornet, elle vint la prier solennellement de ne jamais abandonner Alfred et de le patroner dans le monde parisien où la fortune du général l'appelait à briller. Heureusement pour lui, Alfred se protégea lui-même. A vingt ans, il débuta comme un maître dans le monde littéraire. Son succès ne fut pas moindre dans la société choisie où le lança son père qui d'abord put fournir aux profusions du jeune homme. Cette célébrité précoce, la belle tenue d'Alfred resserrèrent peut-être les liens de l'amitié qui l'unissait à la comtesse. Peut-être madame de Montcornet, qui avait du sang russe dans les veines, sa mère était fille de la princesse Sherbellof, eût-elle renié son ami d'enfance pauvre et luttant avec tout son esprit contre les obstacles de la vie parisienne et littéraire ; mais quand vinrent les tiraillemens de la vie aventureuse d'Alfred, leur attachement était inaltérable de part et d'autre. En ce moment, Blondet, que le jeune d'Esgrignon avait trouvé devant lui à son premier souper, passait pour un des flambeaux du journalisme. On lui accordait une grande supériorité dans le monde politique, et il dominait sa réputation. Le bonhomme Blondet ignorait complétement la puissance que le gouvernement constitutionnel avait donnée aux journaux ; personne ne s'avisait de l'entretenir d'un fils dont il ne voulait pas entendre parler ; il ne savait donc rien de cet enfant maudit.

L'intégrité du juge égalait sa passion pour les fleurs, il ne connaissait que le Droit. Il recevait les plaideurs, les écoutait, causait avec eux et leur montrait ses fleurs; il acceptait d'eux des graines précieuses, mais sur le siège, il devenait le juge le plus impartial du monde. Sa manière de procéder était si connue, que les plaideurs ne le venaient plus voir que pour lui remettre des pièces qui pouvaient éclairer sa religion. Personne ne cherchait à le tromper. Son savoir, ses lumières et son insouciance, pour ses talents réels le rendaient tellement indispensable à du Ronceret que, sans ses raisons matrimoniales, le président aurait encore secrètement contrarié par tous les moyens possibles la demande du vieux juge en faveur de son fils; car si le savant vieillard quittait le tribunal, le président était hors d'état de prononcer un jugement. Le bonhomme Blondet ne savait pas qu'en quelques heures, son fils Alfred pouvait accomplir ses désirs. Il vivait avec une simplicité digne des héros de Plutarque. Le soir il examinait les procès, le matin il soignait ses fleurs, et pendant le jour il jugeait. La jolie servante, devenue mûre et ridée comme une pomme à Pâques, avait soin de la maison, tenue selon les us et coutumes d'une avarice rigoureuse. Mademoiselle Cadot avait toujours sur elle les clés des armoires et du fruitier; elle était infatigable: elle allait elle-même au marché, faisait les appartemens et la cuisine, et ne manquait jamais d'entendre sa messe le matin. Pour donner une idée de la vie intérieure de ce ménage, il suffira de dire que le père et le fils ne mangeaient jamais que des fruits gâtés, par suite de l'habitude qu'avait mademoiselle Cadot de toujours donner au dessert les plus avancés; que l'on ignorait la jouissance du pain frais et qu'on y observait les jeûnes ordonnés par l'Eglise. Le jardinier était rationné comme un soldat, et constamment observé par cette vieille Validé, traitée avec tant de déférence, qu'elle dînait avec ses maîtres. Aussi trottait-elle continuellement de la salle à la cuisine pendant les repas.

Le mariage de Joseph Blondet avec mademoiselle Blandureau avait été soumis par le père et la mère de cette héritière à la nomination de ce pauvre avocat sans cause à la place de juge-suppléant. Dans le désir de rendre son fils capable d'exercer ses fonctions, le père se tuait de lui marteler la cervelle à coups de leçons pour en faire un routinier. Le fils Blondet passait presque toutes ses soirées dans la maison de sa prétendue où, depuis son retour de Paris, Félicien du Ronceret avait été admis, sans que ni le vieux ni le jeune Blondet en conçussent la moindre crainte.

Les principes économiques qui présidaient à cette vie mesurée avec une exactitude digne du Peseur d'Or de Gérard Dow, et où il n'entrait ni un grain de sel de trop ni un profit de moins, cédaient cependant aux exigences de la serre et du jardinage. Le jardin était la folie de Monsieur, disait mademoiselle Cadot, qui ne considérait pas son aveugle amour pour Joseph comme une folie, elle partageait à l'égard de cet enfant la prédilection du père: elle le choyait, lui reprisait ses bas, et aurait voulu voir employer à son usage l'argent mis à l'horticulture. Ce jardin merveilleusement tenu par un seul jardinier, avait des allées sablées en sable de rivière, sans cesse ratissées, et de chaque côté desquelles ondoyaient les plates-bandes pleines des fleurs les plus rares. Là, tous les parfums, toutes les couleurs, des myriades de petits pots exposés au soleil, des lézards sur les murs, des serfouettes, des binettes enrégimentées, enfin l'attirail de choses innocentes et l'ensemble des productions gracieuses qui justifient cette charmante passion. Au bout de sa serre, le juge avait établi un vaste amphithéâtre où sur des gradins siégeaient cinq ou six mille pots de *pelargonium*, magnifique et célèbre assemblée que la ville et plusieurs personnes des départemens circonvoisins venaient voir à sa floraison. A son passage par cette ville, l'impératrice Marie-Louise avait honoré cette curieuse serre de sa visite, et fut si fort frappée de ce spectacle qu'elle en parla à Napoléon, et l'empereur donna la croix au vieux juge. Comme le savant horticulteur n'allait dans aucune société, hormis la maison Blandureau, il ignorait les démarches faites à la sourdine par le président. Ceux qui avaient pu pénétrer les intentions de du Ronceret, le redoutaient trop pour avertir les inoffensifs Blondet.

Quant à monsieur de Grandville, jeune homme puissamment protégé par son père, il s'occupait beaucoup plus de plaire aux femmes de la société la plus élevée où son nom l'avait fait admettre, que des affaires excessivement simples d'un tribunal de province. Promis à une haute fortune, il était courtisé par les mères, et menait une vie de plaisirs. Il faisait son tribunal par acquit de conscience, comme on fait ses devoirs au collége, il opinait du bonnet, en disant à tout : — Oui, cher président. Mais, sous cet apparent laissez-aller, il cachait un esprit supérieur. Dans une occasion importante, en dehors des affaires secondaires, il eût déployé les grandes facultés qui, plus tard, le firent remarquer sur un théâtre digne de lui. Son esprit parisien, habitué à traiter largement les idées, lui permettait de faire rapidement ce qui occupait longtemps le vieux Blondet et le président, auxquels il résumait souvent les questions difficiles à résoudre. Dans les conjonctures délicates, le président et le vice-président consultaient leur juge suppléant, ils lui confiaient les délibérés épineux et s'émerveillaient toujours de sa promptitude à leur apporter une besogne où le vieux Blondet ne trouvait rien à reprendre. Aimé de l'aristocratie la plus hargneuse, jeune et riche, le juge suppléant vivait en dehors des intrigues et des petitesses départementales, il était de toutes les parties de campagne, gambadait avec les jeunes personnes, courtisait les mères, dansait au bal, et jouait comme un financier. Enfin, il s'acquittait à merveille de son rôle de magistrat fashionable, sans néanmoins compromettre sa dignité qu'il savait faire intervenir à propos, en homme d'esprit. Il plaisait infiniment par la manière franche avec laquelle il avait adopté les mœurs de la province sans les critiquer; aussi s'efforçait-on de lui rendre supportable le temps de son exil.

Le procureur du Roi, magistrat du plus grand talent, mais jeté dans la politique, imposait au président. Sans son absence, l'affaire de Victurnien n'eût pas eu lieu. Sa dextérité, son habitude des affaires auraient tout prévenu. Le président et du Croisier avaient profité de sa présence à la chambre des députés, dont il était un des plus remarquables orateurs ministériels, pour ourdir leurs trames, en estimant, avec une certaine habileté, qu'une fois la justice saisie et l'affaire ébruitée, il n'y aurait plus aucun remède. En effet en aucun tribunal, à cette époque, le Parquet n'eût accueilli sans un long examen, et sans peut-être en référer au Procureur-Général, une plainte en faux contre le fils aîné de l'une des plus nobles familles du royaume. En pareille circonstance, les gens de justice, de concert avec le pouvoir, eussent essayé mille transactions pour étouffer une plainte qui pouvait envoyer un jeune homme imprudent aux galères. Ils eussent agi peut-être de même pour une famille libérale considérée, à moins qu'elle ne fût trop ouvertement ennemie du trône et de l'autel. L'accueil de la plainte de du Croisier et l'arrestation du jeune comte, n'avaient donc pas eu lieu facilement. Voici comment le président et du Croisier s'y étaient pris pour arriver à leurs fins.

Monsieur Sauvager, jeune avocat royaliste, arrivé au grade judiciaire de premier substitut à force de servilisme ministériel, régnait au parquet en l'absence de son chef. Il dépendait de lui de lancer un réquisitoire en admettant la plainte de du Croisier. Sauvager, homme de rien et sans aucune espèce de fortune, vivait de sa place. Aussi le pouvoir comptait-il entièrement sur un homme qui attendait tout de lui. Le président exploita cette situation. Dès que la pièce arguée de faux fut entre les mains de du Croisier, le soir même, madame la présidente du Ronceret, soufflée par son mari, eut une longue conversation avec monsieur

Sauvager, auquel elle fit observer combien la carrière de la *magistrature debout* était incertaine : un caprice ministériel, une seule faute y tuait l'avenir d'un homme.

— Soyez homme de conscience, donnez vos conclusions contre le pouvoir quand il a tort, vous êtes perdu. Vous pouvez, lui dit-elle, profiter en ce moment de votre position pour faire un beau mariage qui vous mettra pour toujours à l'abri des mauvaises chances, en vous donnant une fortune au moyen de laquelle vous pourrez vous caser dans la magistrature *assise*. L'occasion est belle. Monsieur du Croisier n'aura jamais d'enfans, tout le monde sait le pourquoi. Sa fortune et celle de sa femme iront à sa nièce, mademoiselle Duval. Monsieur Duval est un maître de forges dont la bourse a déjà quelque volume, et son père, qui vit encore, a du bien. Le père et le fils ont à eux deux un million, ils le doubleront aidé par du Croisier, maintenant lié avec la haute banque et les gros industriels de Paris. Monsieur et madame Duval jeune donneront, certes, leur fille à l'homme qui sera présenté par son oncle du Croisier, en considération des deux fortunes qu'il doit laisser à sa nièce, car du Croisier fera sans doute avantager au contrat mademoiselle Duval de toute la fortune de sa femme, qui n'a pas d'héritiers. Vous connaissez la haine de du Croisier pour les d'Esgrignon, rendez-lui service, soyez son homme, accueillez une plainte en faux qu'il va vous déposer contre le jeune d'Esgrignon, poursuivez le comte immédiatement, sans consulter le procureur du Roi. Puis, priez Dieu que pour avoir été magistrat impartial contre le gré du pouvoir, le ministre vous destitue, votre fortune est faite ! Vous aurez une charmante femme et trente mille livres de rente en dot, sans compter quatre millions d'espérance dans une dizaine d'années.

En deux soirées, le premier substitut avait été gagné.

Le président et monsieur Sauvager avaient tenu l'affaire secrète pour le vieux juge et pour le jeune suppléant. Sûr de l'impartialité de Blondet, en présence des faits, le président avait la majorité sans compter Camusot. Mais tout manquait par la défection imprévue du juge d'instruction. Le président voulait un jugement de mise en accusation avant que le procureur du Roi ne fût averti. Camusot n'allait-il pas le prévenir.

FIN DU TOME PREMIER.

TABLE

DU PREMIER VOLUME.

FIN DE LA TABLE.

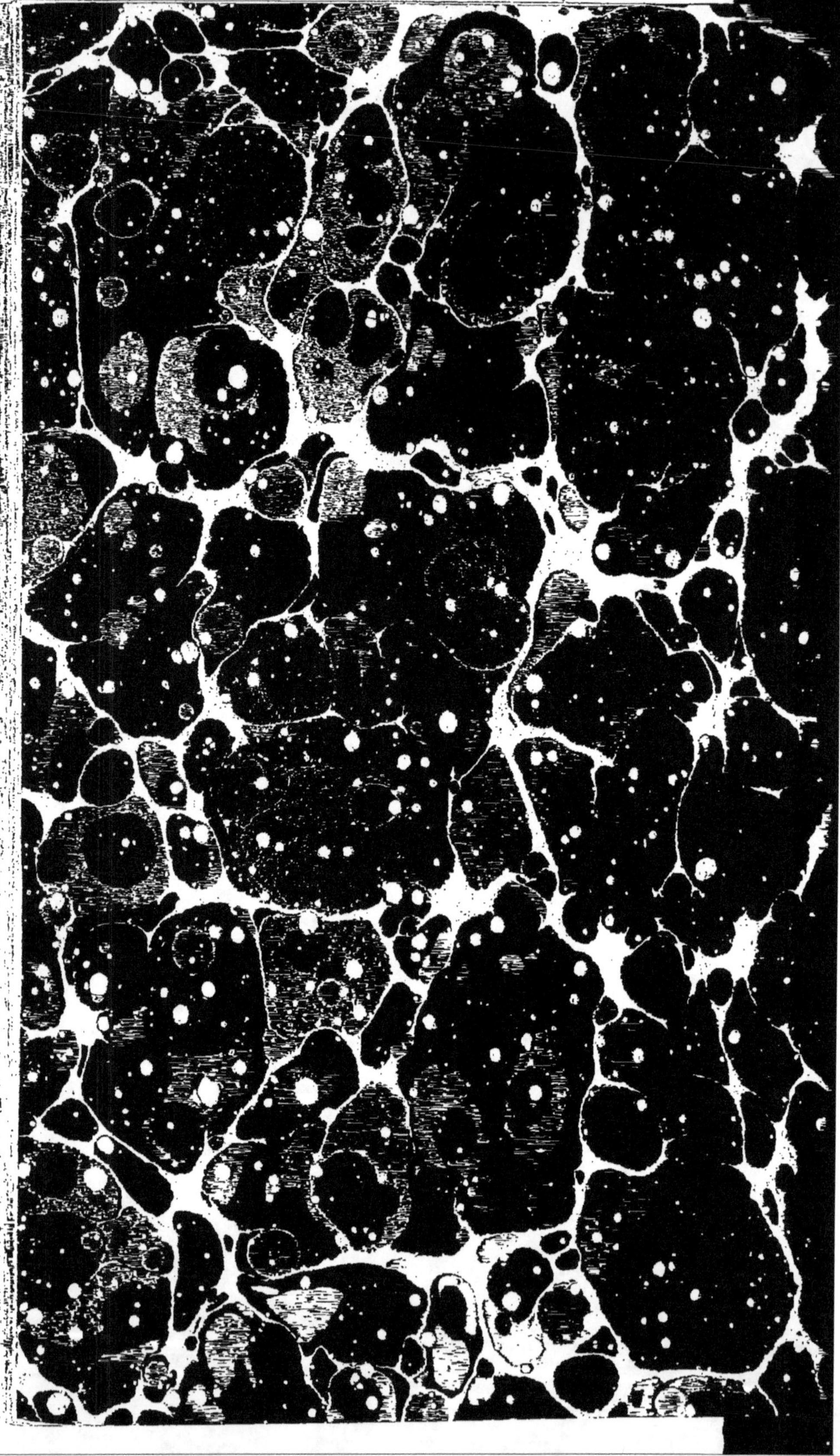

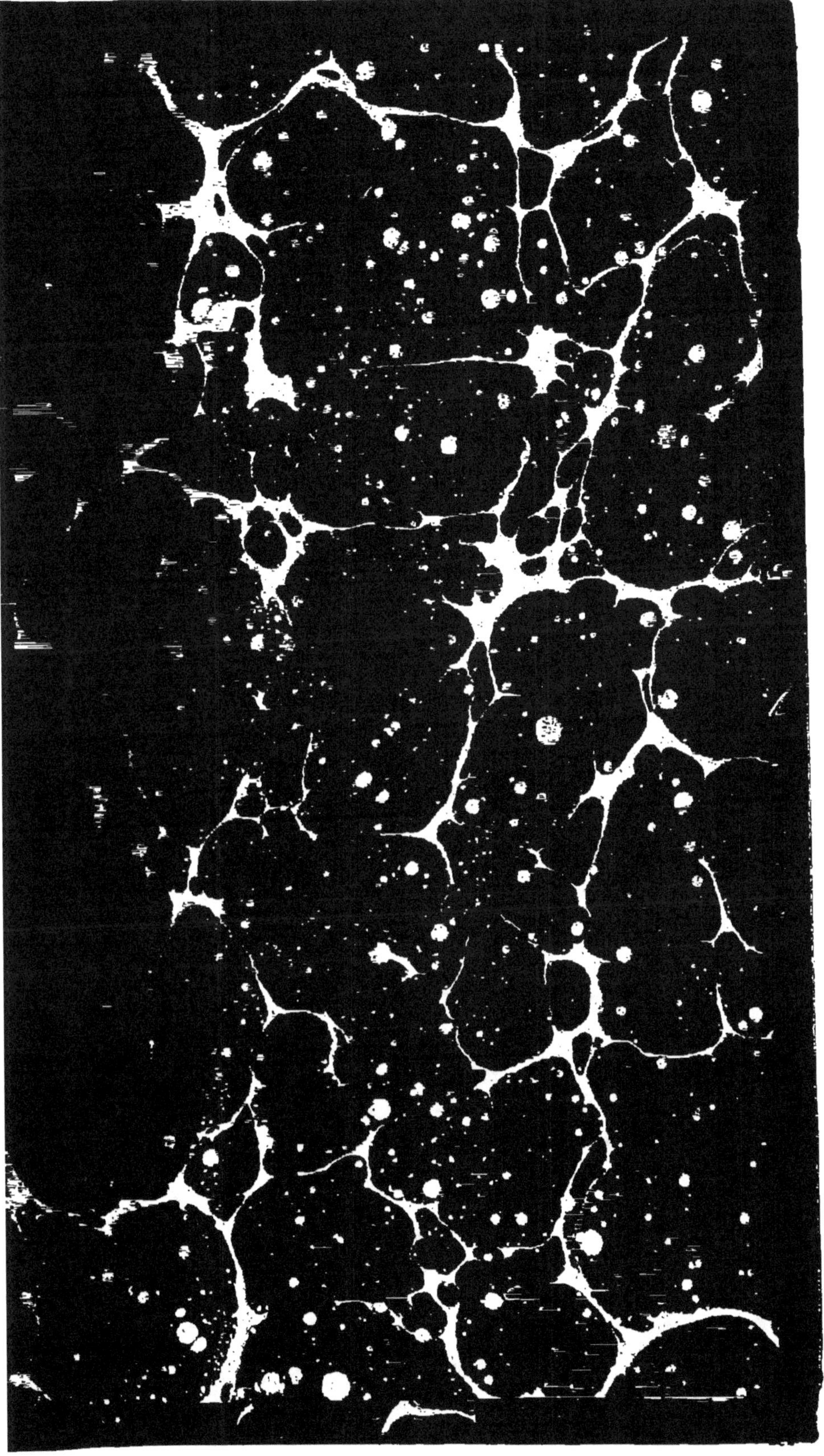

www.ingramcontent.com/pod-product-compliance
Lightning Source LLC
LaVergne TN
LVHW020613110826
845149LV00002B/468

* 9 7 8 2 0 1 1 9 3 3 8 8 1 *